로제의
모티브 손뜨개 소품

**로제의
모티브 손뜨개 소품**

초판 1쇄 발행 2019년 11월 5일
초판 2쇄 발행 2023년 11월 10일

지은이 김정미
펴낸이 이지은 **펴낸곳** 팜파스
기획·진행 이진아 **편집** 정은아
디자인 조성미
마케팅 김서희
인쇄 케이피알커뮤니케이션

출판등록 2002년 12월 30일 제10-2536호
주소 서울시 마포구 어울마당로5길 18 팜파스빌딩 2층
대표전화 02-335-3681 **팩스** 02-335-3743
홈페이지 www.pampasbook.com | blog.naver.com/pampasbook
페이스북 www.facebook.com/pampasbook2018
인스타그램 www.instagram.com/pampasbook
이메일 pampas@pampasbook.com

값 18,000원
ISBN 979-11-7026-275-6 (13590)

ⓒ 2019, 김정미

· 이 책의 일부 내용을 인용하거나 발췌하려면 반드시 저작권자의 동의를 얻어야 합니다.
· 잘못된 책은 바꿔 드립니다.
· 이 책에 나오는 작품은 저자의 소중한 작품입니다.
  작품에 대한 저작권은 저자에게 있으며 2차 수정·도용·상업적 용도·수업 용도의 사용을 금합니다.

이 도서의 국립중앙도서관 출판시도서목록(CIP)은 서지정보유통지원시스템 홈페이지(http://seoji.nl.go.kr)와 국가자료공동목록시스템(http://www.nl.go.kr/kolisnet)에서 이용하실 수 있습니다.(CIP제어번호: CIP2019039938)

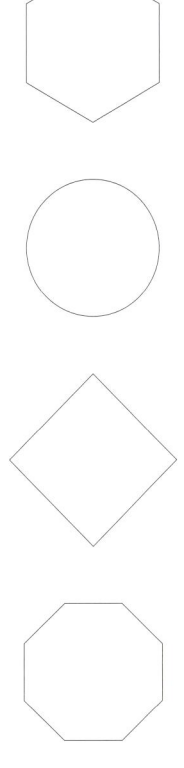

모티브 하나하나로 이어가는 따뜻한 감성 손뜨개

로제의
모티브 손뜨개 소품

김정미 지음

팜파스

PROLOGUE

니터의
기도

지금 고른 실과 색상이 뜨고자 하는 작품과 잘 어울려
조화를 이루게 하소서.

한 번 시작한 작업은 떠 갈수록 탄력이 붙게 하시고

가능하면 실수 없이 '푸르시오' 없이
마칠 수 있게 하소서.

뜨다가 잘못된 부분이 있어도
푸는 데 짜증 내지 않도록 하시고

가능하면 미소 짓고
덤덤하고 대범하게 넘어갈 수 있도록 하소서.

뜨는 도중에 옆 지기는 물론
가능하면 아이들도 밥 정도는 알아서 챙기게 하시고

손뜨개를 방해하는 귀찮은 일과 존재는
제발 멀리 떨어져 있도록 하시어
이제 막 힘 받은 뜨개가 맥 빠지지 않도록 하소서.

완성을 코앞에 두고 있을 때
더 집중하고 몰입하게 하시고

작품이 완성되었을 때
감사와 사랑의 마음으로 뿌듯하게 하소서.

손으로 만드는 모든 것에 축복이 깃들게 하시고
진정 즐기는 손뜨개에 따스한 마음을 더해
사랑으로 거듭나게 하소서.

어수선한 뒤 실 정리할 때도 떠온 과정을
차분한 마음으로 한 번쯤 돌아보게 하시고

더 깔끔한 마무리가 되어 완성도 높은 작품이 될 수 있게
마지막까지 힘을 내게 하소서.

뜨는 도중 또 다른 작품에 눈길 돌려 탐함으로써
'문어발'에 빠지는 유혹에서 벗어나게 해주시고

문어발에 빠지더라도 여기저기 쌓아두고
쟁여두며 밀쳐두게 마시고
어떻게든 하나하나 다 완성할 수 있게 하소서.

부족한 니터는 있어도
부족한 손뜨개는 없는 법!

남의 작품은 함부로 재단하지 않게 하시고
나의 뜨개에는 항상 겸손이 배어 있게 하소서.

완성된 손뜨개를 봤을 때 '예쁘다' 하는 감탄과 그 정성에
마음으로 감사할 수 있게 하시고

세상의 모든 손뜨개는 우리들 손이 만드는
한 코 한 코 사랑의 결정체임을 깨닫게 하소서.

작업하는 내내 바른 자세로 건강도 함께 챙겨서
오랫동안 손뜨개를 즐길 수 있도록 지켜주시고

오늘도 실과 바늘 하나로 세월까지 떠가는 즐거운 손뜨개가 있어
또 하루를 기쁨과 미소 속에 행복으로 넘쳐날 수 있게 하소서.

바느질닷컴의 로제(김정미)

CONTENTS

PROLOGUE 니터의 기도 4

Basic 01 기본 재료와 도구 10
Basic 02 기초 뜨개 기법 12
Basic 03 뜨개 도안 보는 법 1 14
Basic 04 뜨개 도안 보는 법 2 19
Basic 05 기본 뜨기 20
Basic 06 뜨기 기호와 뜨는 방법 26

Square Motif
베이직한 사각 모티브

티 코스터 35
포트 홀더 1 41
허브 샤세이 47
티슈커버 51
손목 백 55
스톨 58
비스코뉘 쿠션 65

Circle Motif
러블리한 원형 모티브

수틀 액자 73
포트 홀더 2 77
테이블 매트 83
요요 바구니 덮개 86
두건 92
서클 백 97
동그라미 커튼 102

Triangle·Pentagon Motif

시크한 삼각 / 오각 모티브

가위집 108
도일리 114
안경집 119
포트 홀더 3 124
케이프 129
가랜드 133

Hexagon·Octagon Motif

클래식한 육각 / 팔각 모티브

포트 홀더 4 141
수납 주머니 146
헥사곤 파우치 153
드림캐처 158
티라이트 홀더 163
옥타곤 토트백 167

Flower Motif
스위티한 꽃 모티브

키홀더 173

잼 바구니 179

장식 걸이 185

플라워 마그넷 189

꽃향기 리스 193

로제 티 코지 196

Basic 01

기본 재료와 도구

뜨개실

뜨개실은 소재, 굵기에 따라 또는 계절별, 색상별로도 다양한 작품을 만들 수 있는 손뜨개의 기본 재료입니다. 계절이나 작품에 맞는 소재와 색상을 잘 선택하는 것이 중요합니다.

이 책에서 사용한 실입니다.

퓨어면사와 면사
모헤어사
린넨사
램스울사
비스코스사
퓨어울사

뜨개실에 맞는 코바늘 ❶

코바늘은 실의 굵기에 맞는 호수를 선택합니다.

돗바늘 ❷

앞이 뭉툭하고 바늘귀가 큰 돗바늘은 뜨개실을 넣어 작품을 마무리할 때와 모티브를 연결할 때 유용하게 사용할 수 있습니다.

가위 ❸

실만 자르는 용도로 작은 가위를 선택해 사용합니다.

줄자 ❹

작품의 크기를 재는 데 사용합니다.

단코 표시 핀 ❺

뜨개 단이나 코에 걸어두면 단수나 콧수를 표시하거나 확인할 때 편리합니다.

기초 뜨개 기법

Basic 02

뜨개실 빼는 방법

뜨개실은 크게 종이 심지에 감겨 있는 실과 종이 심지 없이 감겨진 실로 나뉩니다.

심지가 있는 경우

뜨개실의 중심부에 종이 심지가 감겨 있어 실의 형태가 비교적 짱짱하게 유지되어 살아 있는 반면, 종이 심지만큼 부피도 크고 무겁습니다. 실 가장자리에 나와 있는 실을 빼서 사용하면 됩니다. 뜨개 작업 시 실이 굴러다니기 쉽기 때문에 바구니 같은 데 담아 사용하면 편리합니다.

심지가 없는 경우

뜨개실의 중심부에 종이 심지 없이 감겨 있어 실의 형태가 찌그러지기 쉬우나 대신 그만큼 부피가 작고 가볍습니다. 심지가 없는 실의 중심부에서 실을 빼서 사용합니다. 뜨개 작업 시 굴러다님 없이 비교적 안정적으로 작업이 가능합니다.

뜨개실 손가락에 거는 방법

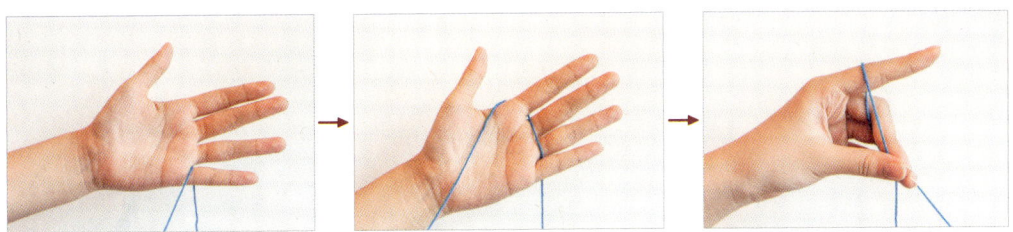

1 오른손으로 실 끝을 잡아 손등 쪽에서 왼손의 새끼손가락과 약지 사이에 실을 넣습니다.
2 약지와 중지를 지나 중지와 검지 사이로 실을 보낸 후 검지에 실을 겁니다.
3 왼손 엄지와 중지로 실을 잡고 검지를 세웁니다. 실이 느슨한 경우에는 새끼손가락에 한 번 더 실을 감아줍니다.

코바늘 쥐는 방법

코바늘은 연필 쥐듯이 잡습니다. 바늘 앞부분부터 3~4cm 정도 떨어진 부분에서 오른손의 엄지와 검지로 잡고 중지는 바늘 위에 살짝 올려둡니다. 왼손으로 실을 잡고 오른손으로 잡은 바늘로 떠줍니다.

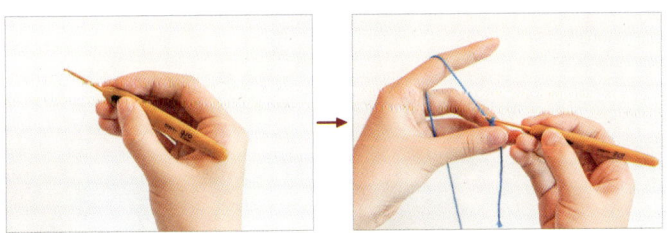

Basic 03 — 뜨개 도안 보는 법 1

우리가 많이 접하는 손뜨개 도안은 많은 기호로 이루어져 있습니다. 이 약속된 기호 대부분은 일본에서 만든 것들이어서 일본공업규격(JIS: Japanese Industrial Standards)에서 정한 기호를 따르는 것이랍니다. 첫 글자를 따서 JIS 기호라고도 합니다. 이 기호를 사용하여 뜨개 도안을 만들 때에는 겉쪽 면을 기준으로 표기하도록 정해져 있습니다.

왕복뜨기

왕복뜨기는 작업 중인 뜨개를 1단마다 뒤집어가며 겉쪽 면과 안쪽 면을 번갈아 보면서 뜹니다.

뜨개 도안

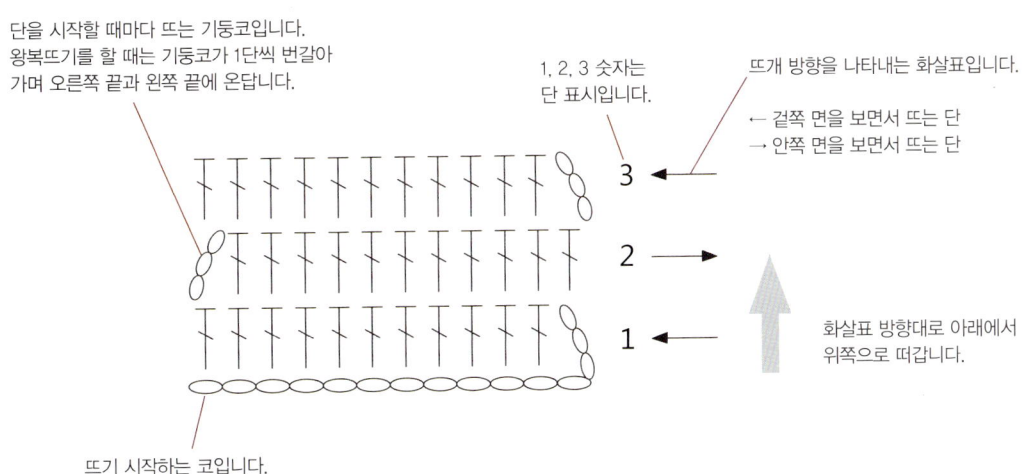

- 단을 시작할 때마다 뜨는 기둥코입니다. 왕복뜨기를 할 때는 기둥코가 1단씩 번갈아 가며 오른쪽 끝과 왼쪽 끝에 온답니다.
- 1, 2, 3 숫자는 단 표시입니다.
- 뜨개 방향을 나타내는 화살표입니다.
  ← 겉쪽 면을 보면서 뜨는 단
  → 안쪽 면을 보면서 뜨는 단
- 화살표 방향대로 아래에서 위쪽으로 떠갑니다.
- 뜨기 시작하는 코입니다.

뜨개 도안 뜨는 순서

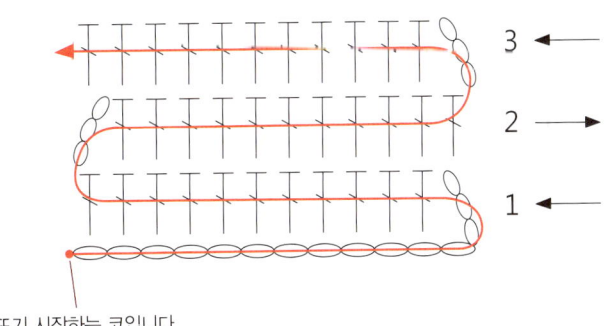

뜨기 시작하는 코입니다.

원형 뜨기

원형 뜨기는 작업 중인 뜨개를 뒤집지 않고 중심에서부터 겉쪽 면만 보면서 원을 그리듯 뜹니다.

뜨개 도안

매 단의 마지막에는 그 단의 처음 코에 빼뜨기로 연결합니다.
그런 다음 계속해서 다음 단의 기둥코를 떠줍니다.

화살표 방향처럼 중심에서 바깥쪽으로 떠나옵니다.

뜨기 시작하는 코입니다.

뜨개 도안 뜨는 순서

뜨기 시작하는 코입니다.

원통형 뜨기

원통형 뜨기는 작업 중인 뜨개를 뒤집지 않고 겉쪽 면에서 같은 방향으로 뜹니다.

뜨개 도안

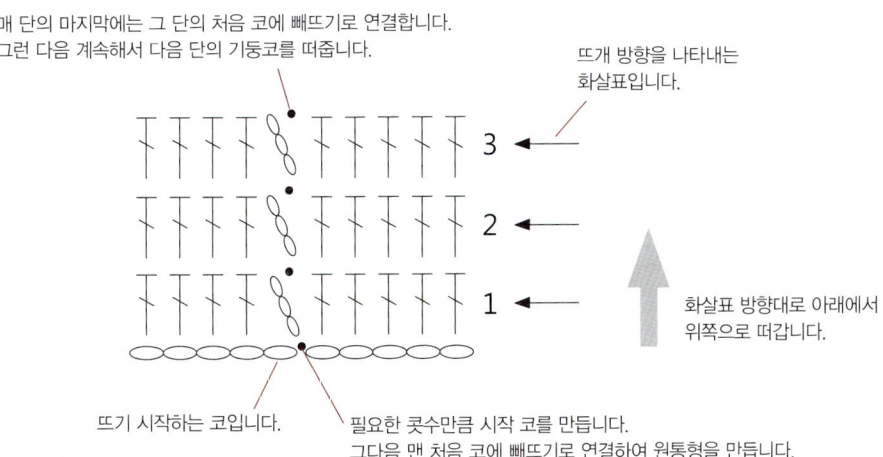

매 단의 마지막에는 그 단의 처음 코에 빼뜨기로 연결합니다.
그런 다음 계속해서 다음 단의 기둥코를 떠줍니다.

뜨개 방향을 나타내는 화살표입니다.

화살표 방향대로 아래에서 위쪽으로 떠갑니다.

뜨기 시작하는 코입니다.

필요한 콧수만큼 시작 코를 만듭니다.
그다음 맨 처음 코에 빼뜨기로 연결하여 원통형을 만듭니다.

뜨개 도안 뜨는 순서

뜨기 시작하는 코입니다.

기둥코란

짧은뜨기나 한길긴뜨기 등 뜨기 법에 따라 코의 높이가 모두 다릅니다. 이때 단의 맨 처음에 코의 높이에 맞도록 사슬뜨기를 떠줍니다. 이것을 기둥코라고 합니다. 즉 기둥코는 단을 바꿀 때 뜨기 법에 따라 제각각인 코의 높이를 사슬뜨기로 일정하게 맞추어주는 역할을 한답니다.

짧은뜨기는 기둥코를 사슬뜨기 1코 뜨고 나서 바로 옆의 코에 바늘을 넣어 짧은뜨기를 뜨기 시작합니다. 이때 짧은뜨기의 기둥코는 1코로 세지 않습니다.

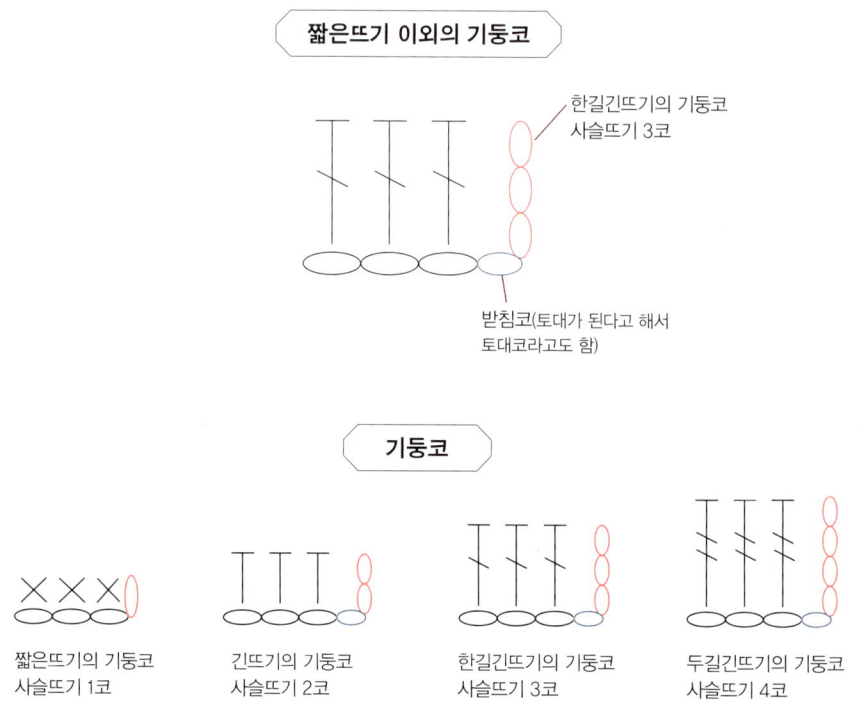

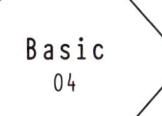

뜨개 도안 보는 법 2

같은 뜨개 기호지만 도안에 따라 뜨는 방법이 달라지기도 합니다.
'한길긴뜨기 2코 구슬뜨기'를 예로 들어 말씀드리겠습니다.
도안에서 같은 '한길긴뜨기 2코 구슬뜨기' 기호가 보이더라도 다음 그림과 같이 기호 아래가 닫혀 있으면 아랫단의 한 코에 뜨고, 기호 아래가 열려 있으면 아랫단의 코 아래 공간에 넣어서 떠야 합니다.

한 코에서 뜨기

한 코에서 뜨기(한길 긴뜨기 2코 구슬뜨기)

↑ 화살표가 가리키는 부분처럼 아래 부분이 닫혀 있는 기호

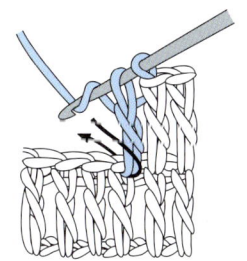
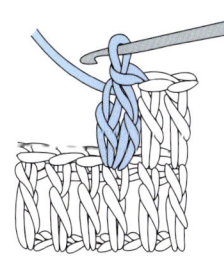

뜨개 도안에서 기호 아래 부분이 닫혀 있으면 아랫단의 한 코에 뜹니다.

코 아래 공간에서 뜨기

코 아래 공간에서 뜨기 (한길긴뜨기 2코 구슬뜨기)

↑ 화살표가 가리키는 부분처럼 아래 부분이 열려 있는 기호

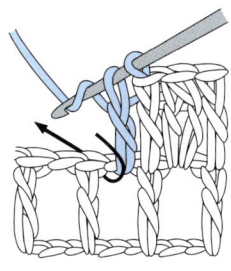
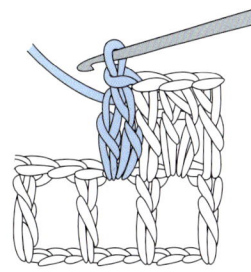

뜨개 도안에서 기호 아래 부분이 열려 있으면 아랫단의 코 아래 공간에 넣어서 뜹니다.

기본 뜨기

Basic 05

사슬코 보는 법

사슬코에는 겉쪽과 안쪽이 있습니다.
안쪽 가운데 한 줄이 나와 있는 부분을 '사슬코 산'이라고 부릅니다.

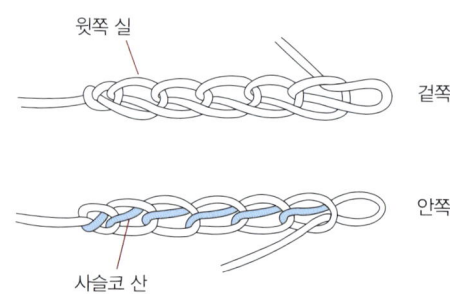

시작 코에서 코를 뜨는 3가지 방법

사슬뜨기 시작 코에서 첫째 단을 뜰 때는 3가지 방법이 있습니다.
어떤 방법으로 뜨느냐에 따라 작품을 완성했을 때 조금씩 차이가 있답니다.
3가지 각각의 특징을 참고하여 선택해서 뜨도록 합니다.

사슬뜨기 위쪽 실과 사슬코 산을 함께 뜨는 방법

사슬뜨기 위쪽 실과 사슬코 산, 두 가닥을 함께 뜨기 때문에 시작 코의 위치 부분이 비교적 두툼해지는 반면, 늘어지지 않고 안정된 상태로 손뜨개를 시작할 수 있습니다.

한 코의 사슬코에 2코 이상의 무늬뜨기를 할 때나 시작 코를 건너뛰면서 뜨는 무늬뜨기에 적합합니다.

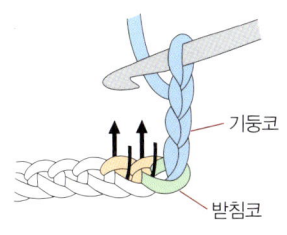 

사슬뜨기의 위쪽 실 한 가닥을 뜨는 방법

사슬뜨기의 위쪽 한 가닥을 뜨면서 시작하기 때문에 비교적 뜨기 수월하고, 또 시작 코 위치 부분이 얇아 신축성이 있는 무늬뜨기를 할 때 적합합니다.

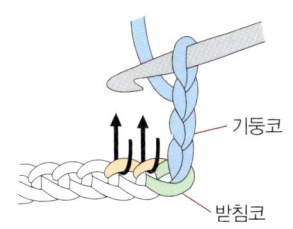 

사슬뜨기 안쪽 '사슬코 산' 한 가닥을 뜨는 방법

사슬뜨기 안쪽 '사슬코 산' 한 가닥을 뜨면서 작업하기에 가장자리가 깔끔하게 됩니다.
가장자리를 따로 뜨지 않는 손뜨개 작품에 적합합니다. 끈을 뜰 때 이 방법을 사용합니다.

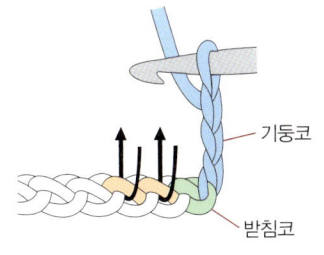 

원형 코 만드는 방법

실을 감아 원형 코 만들기

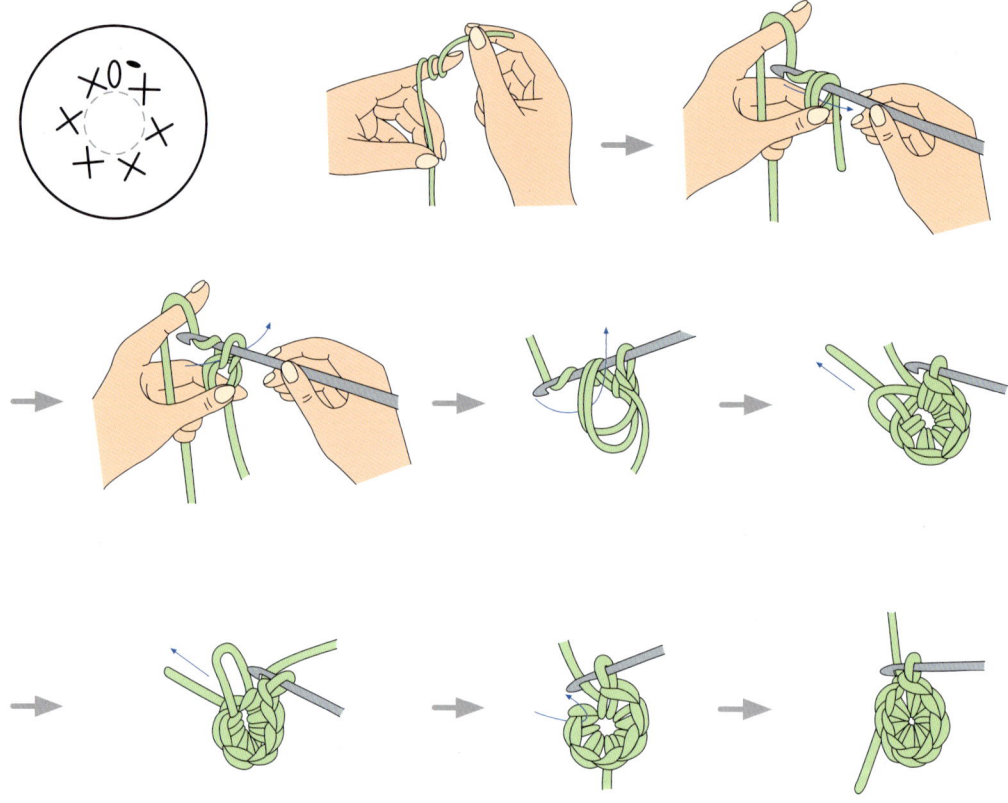

1 왼쪽 검지에 실을 2번 감습니다.
2 원 안에 바늘을 넣어서 실을 감아 화살표 방향으로 빼줍니다.
3 한 번 더 화살표 방향으로 실을 감아 빼줍니다.
4 바늘에 실을 감아 짧은뜨기를 뜹니다.
5 화살표 방향으로 실을 당겨 원을 조여줍니다.
6 첫 번째 짧은뜨기 코에 빼뜨기를 해줍니다.

사슬뜨기로 원형 코 만들기

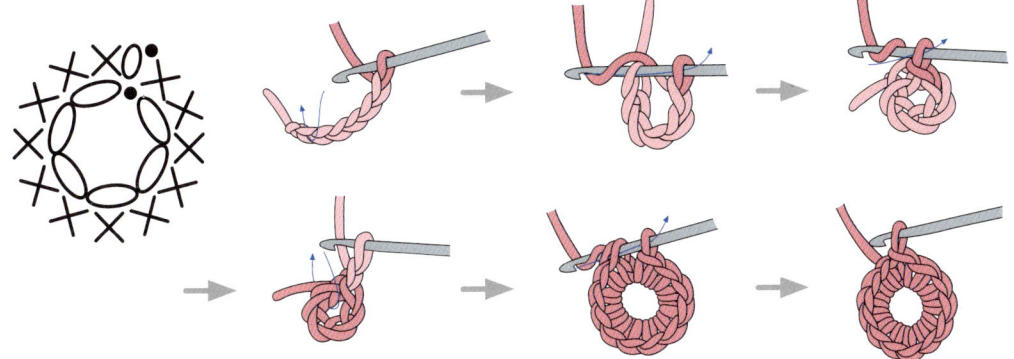

1 사슬뜨기 6코를 만들고 화살표 방향으로 바늘을 넣어 빼뜨기를 해줍니다.
2 사슬뜨기 1코를 떠서 기둥코를 만들고 짧은뜨기를 뜹니다.
3 첫 번째 짧은뜨기 코에 빼뜨기를 해줍니다.

모티브 연결 방법

빼뜨기로 잇기

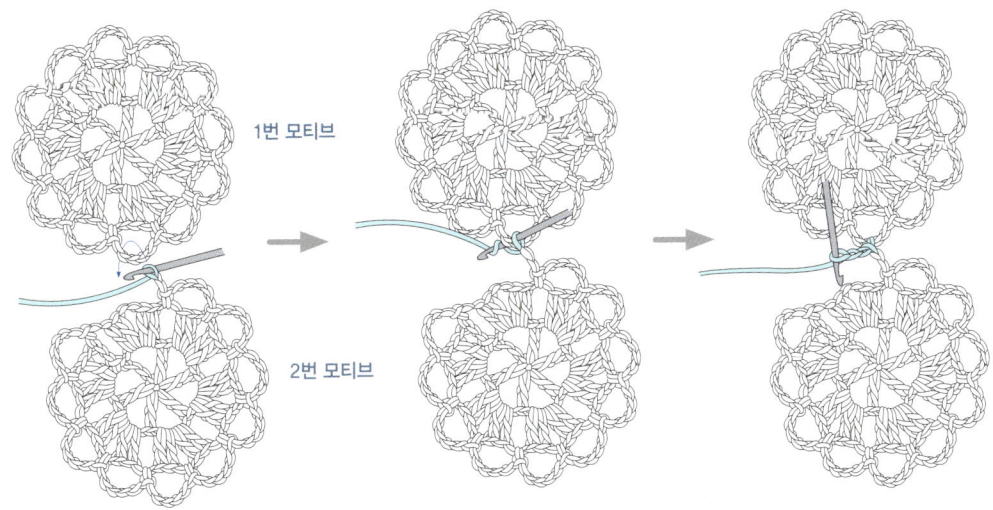

1 1번 모티브의 위쪽에 바늘을 넣습니다.
2 바늘에 실을 걸고 빼냅니다.
3 모티브가 연결되는 것을 확인하면서 계속 뜹니다.

빼뜨기로 3장 이상 잇기

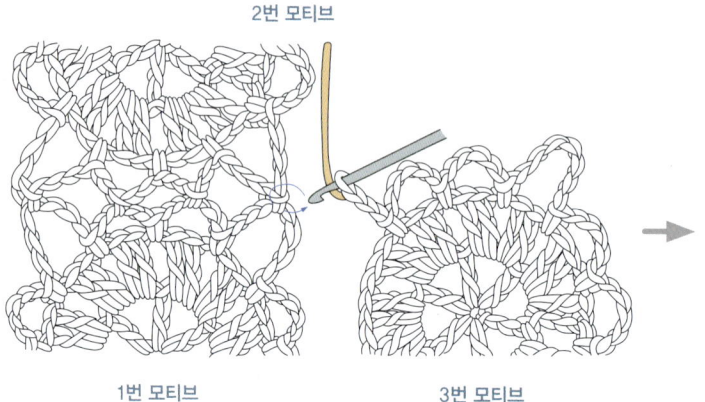

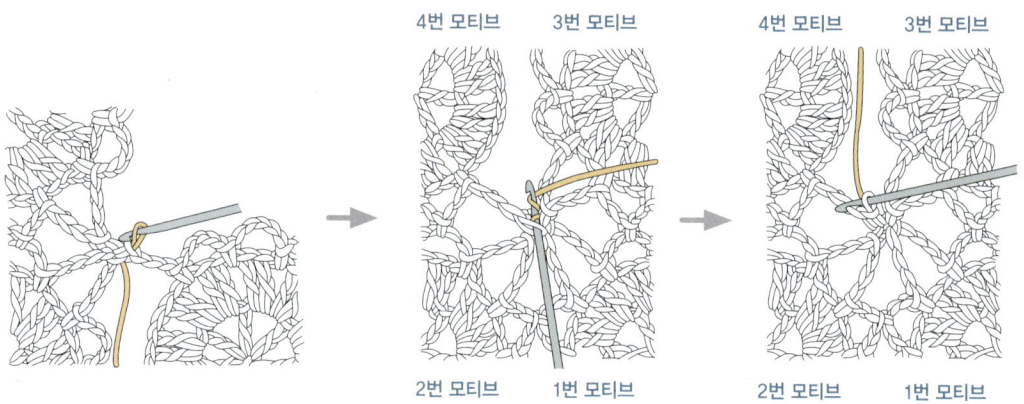

1 3번 모티브는 1번, 2번 모티브를 이었던 빼뜨기에 화살표처럼 바늘을 넣고 빼냅니다.
2 빼낸 모습을 확인하면서 계속 뜹니다.
3 4번 모티브도 1번과 같은 곳에 바늘을 넣고 빼냅니다.
4 빼낸 모습을 확인하면서 계속 뜹니다.

돗바늘로 한 코 감아 잇기

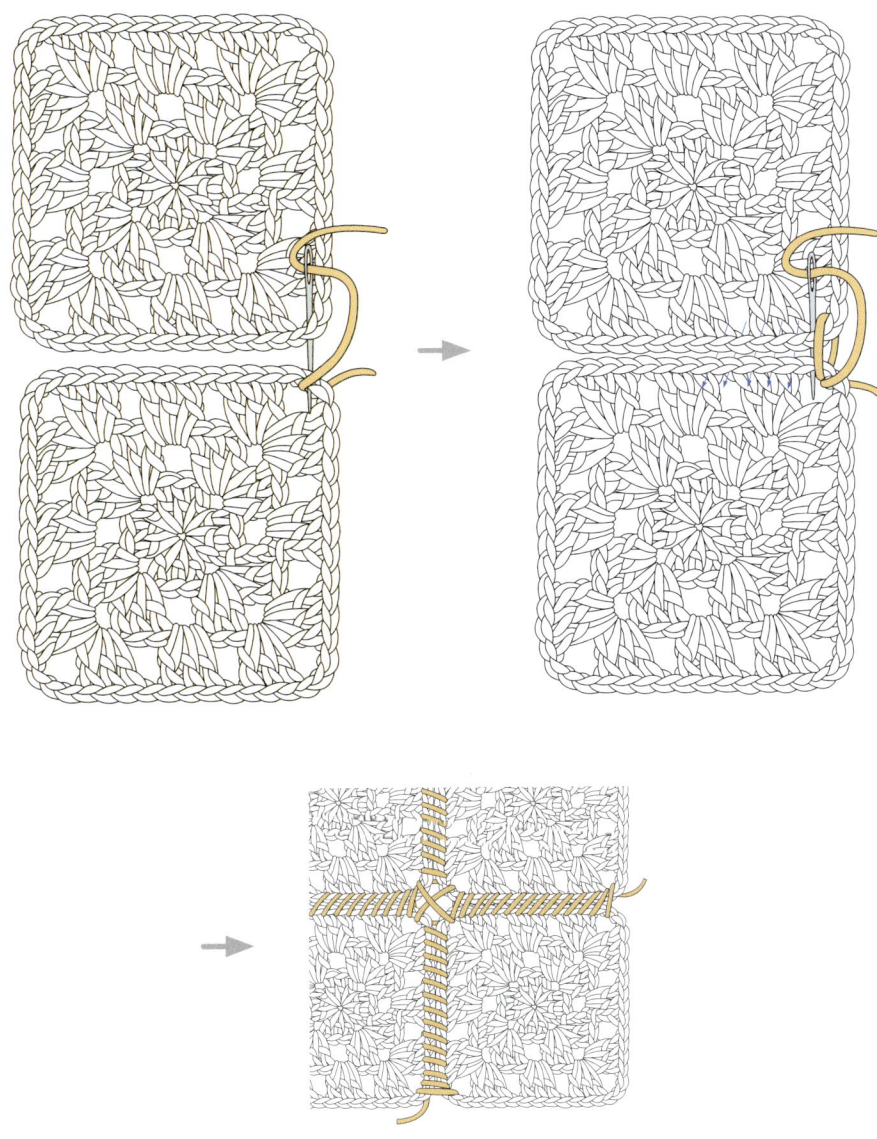

1. 실을 꿴 돗바늘로 그림처럼 모티브를 서로 붙여 한 코씩 꿰맵니다.
2. 화살표 방향으로 한 코씩 넣어 차례대로 꿰맵니다.
3. 다음 모티브로 이동할 때도 실을 자르지 않고 계속 연결하면서 꿰맵니다.
4. 세로 방향으로 같은 모양이 4장 모인 곳은 X자로 꿰매줍니다.

<Basic 06>

뜨기 기호와 뜨는 방법

사슬뜨기

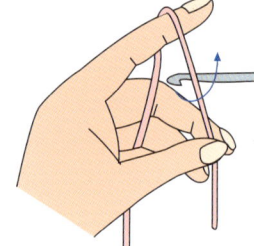 → 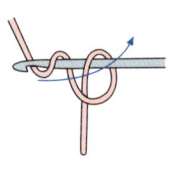 →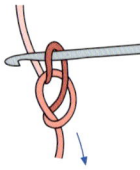

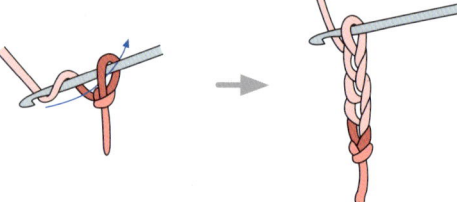

빼뜨기

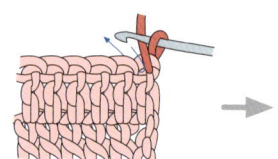 → 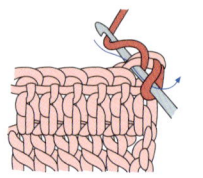 →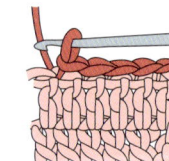

짧은뜨기

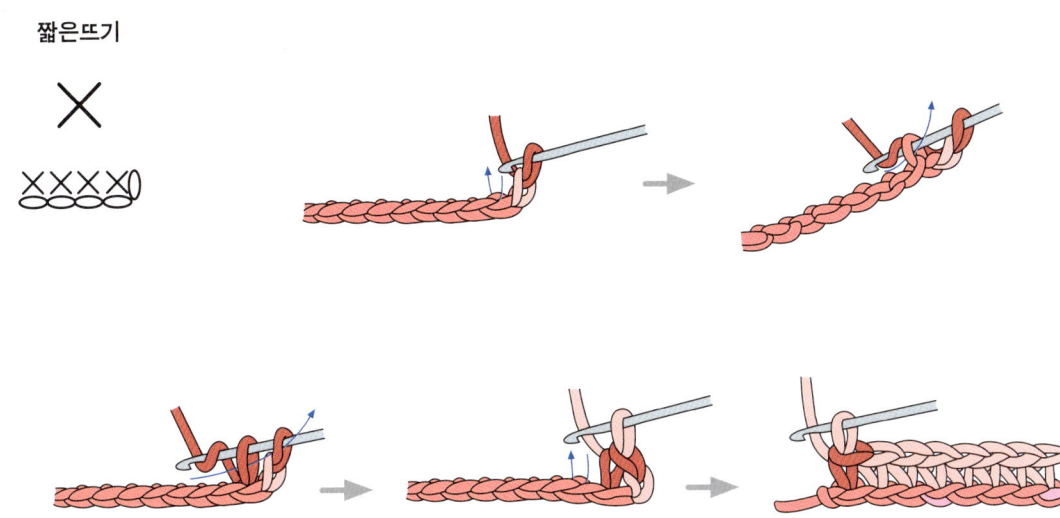

긴뜨기

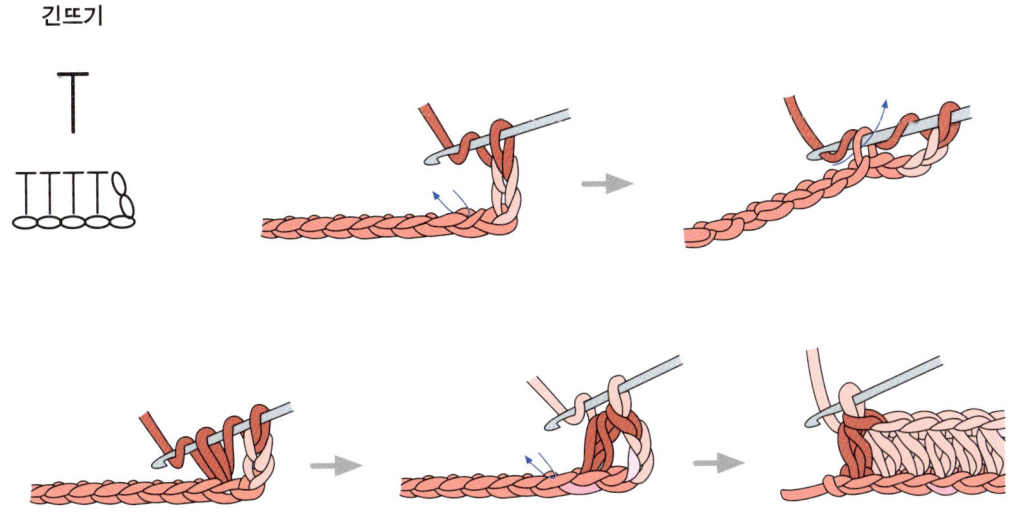

한길긴뜨기

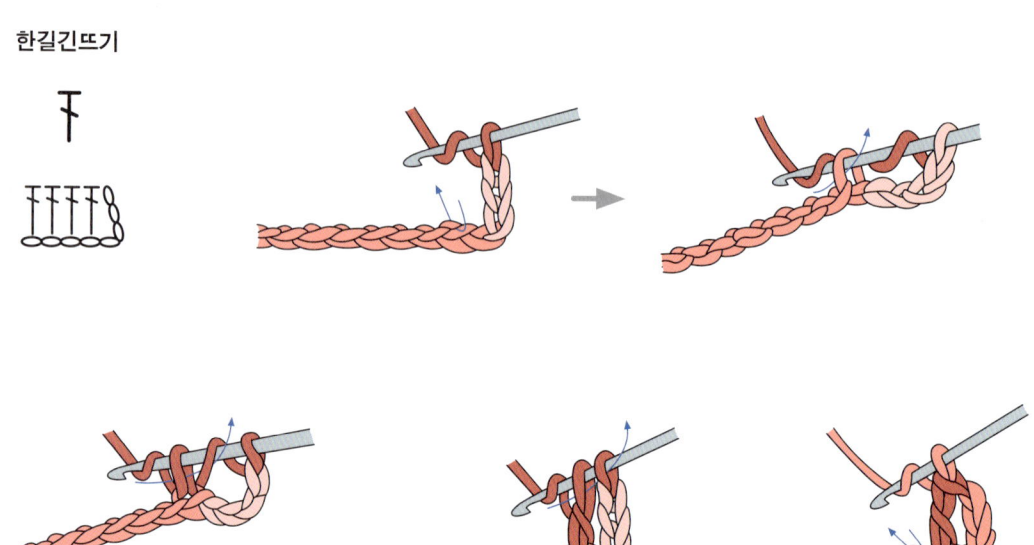

두길긴뜨기

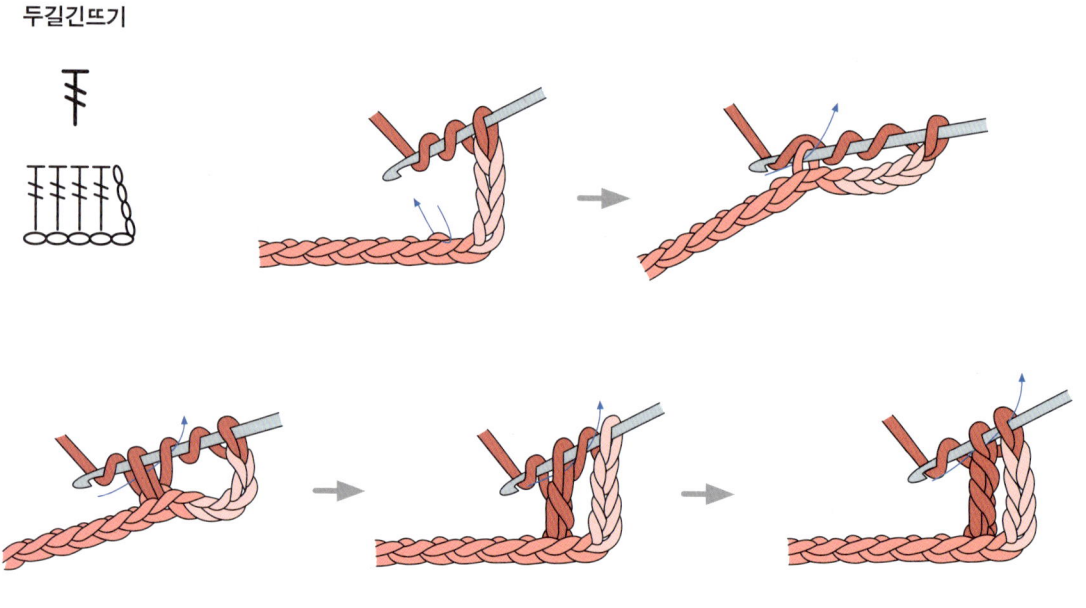

한 코에 짧은뜨기 2코

한 코에 한길긴뜨기 2코

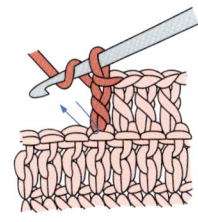
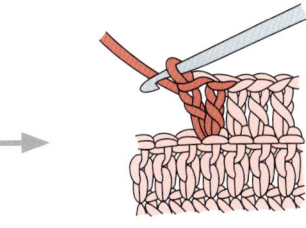

짧은뜨기 2코 모아뜨기

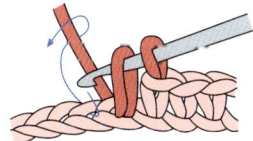
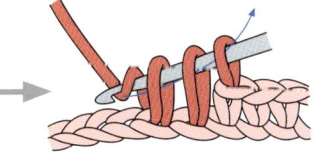
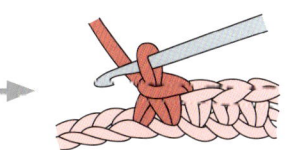

한길긴뜨기 2코 모아뜨기

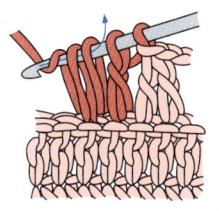
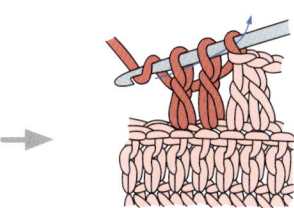

한길긴뜨기 2코 구슬뜨기

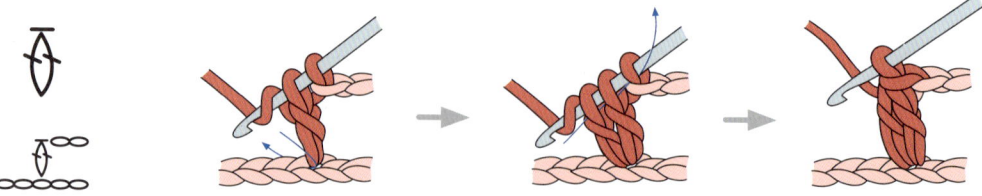

한길긴뜨기 3코 구슬뜨기

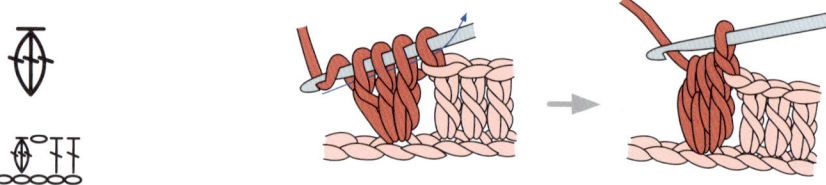

사슬 3코 피코 빼뜨기

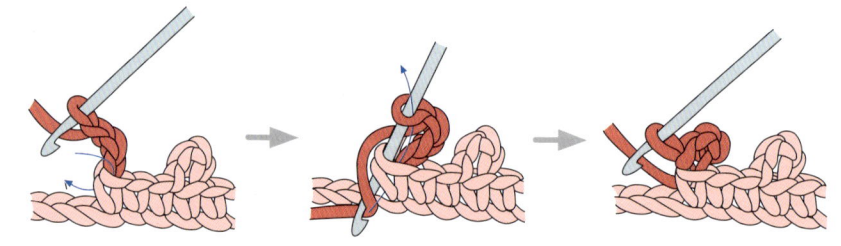

한길긴뜨기 앞걸어뜨기

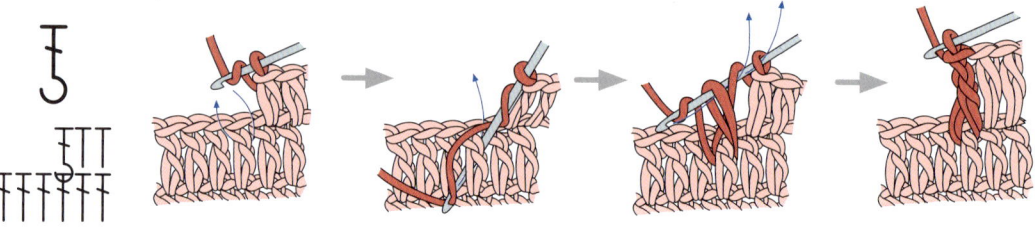

한길긴뜨기 뒤걸어뜨기

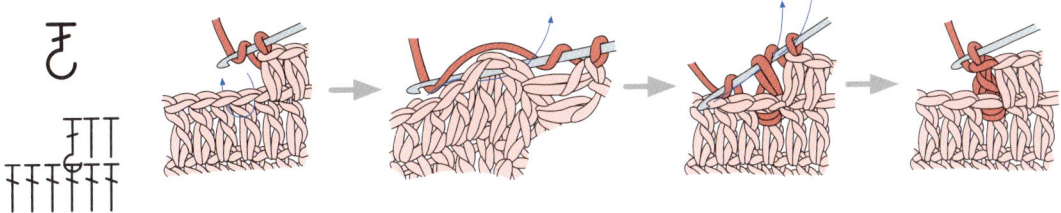

한길긴뜨기 5코 팝콘뜨기

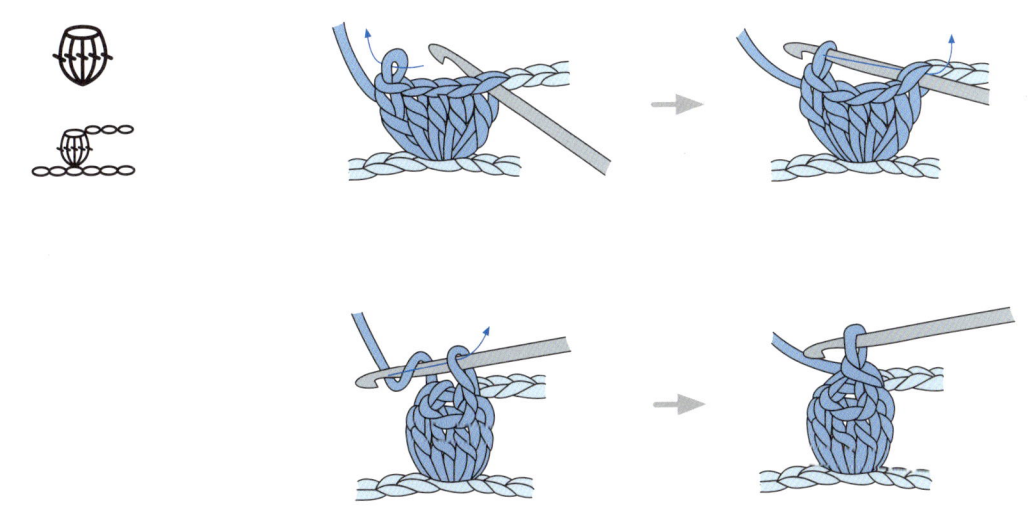

짧은뜨기 줄기뜨기

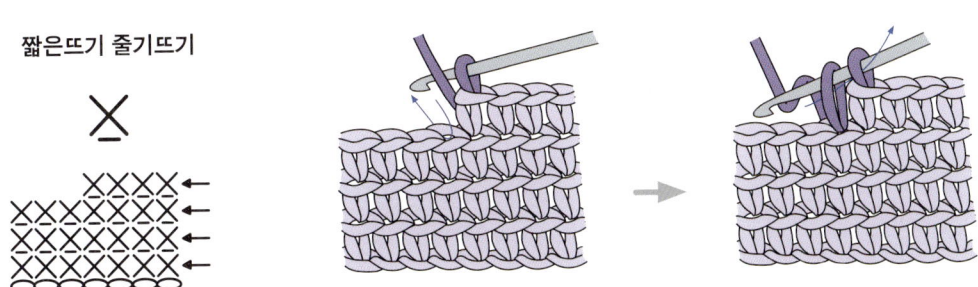

Square Motif

베이직한 사각 모티브

Tea coaster

티 코스터

잔 받침 하나로 대접받고, 대접하는 기분을 주는
작지만 감각적 아이템 티 코스터.
심플한 티 코스터로 분위기 있고 품격 있는 티타임을 누려봅니다.

⬡ How to Make ⬡

완성 사이즈
가로 11cm, 세로 11cm 정도

준비물
사용한 바늘
모사용 코바늘 4호
사용한 실
- 십자무늬 티 코스터:
  퓨어울사 다크네이비 4g,
  아이보리 9g
- 격자무늬 티 코스터:
  퓨어울사 인디핑크 5g,
  블루그린 5g, 아이보리 5g

뜨는 방법

모티브 뜨기
색상 배색표를 참고하여 실을 감아 원형 코를 만들어 한길긴뜨기 3코와 사슬뜨기 3코로 1단을 떠서 모티브를 완성합니다.

모티브 연결하기
연결 순서를 참고하여 모티브의 1단을 뜨면서 빼뜨기로 연결합니다.

모티브

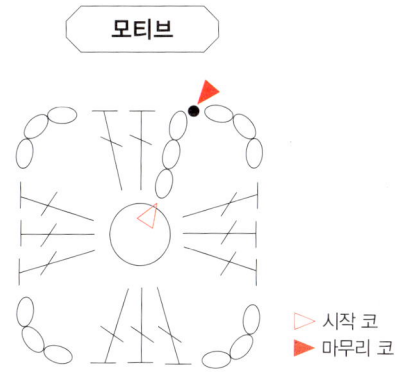

▷ 시작 코
▶ 마무리 코

십자무늬 티 코스터 모티브 뜨기

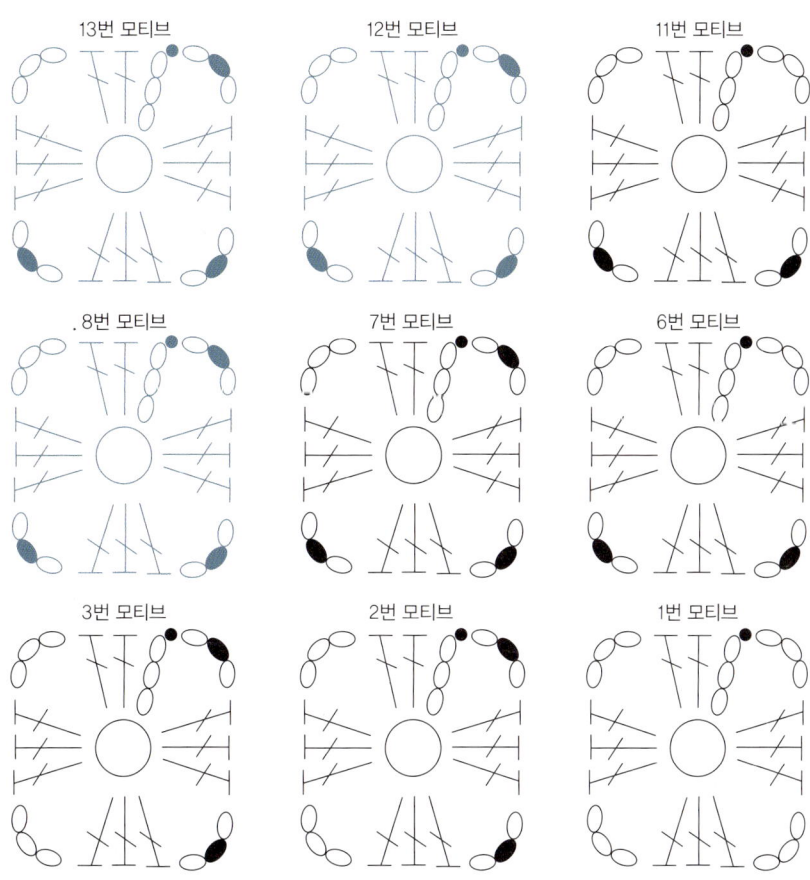

격자무늬 티 코스터는 색상 배색과 연결 순서를 참고하여 뜹니다.

십자무늬 티 코스터 색상 배색과 연결 순서

25 B	24 B	23 B	22 B	21 B
20 B	19 B	18 A	17 B	16 B
15 B	14 A	13 A	12 A	11 B
10 B	9 B	8 A	7 B	6 B
5 B	4 B	3 B	2 B	1 B

색상 배색
A. 다크네이비색 5개
B. 아이보리색 20개

번호순으로 모티브를 뜨면서 연결합니다.

격자무늬 티 코스터 색상 배색과 연결 순서

25 C	24 C	23 C	22 C	21 C
16 A	15 B	14 A	13 B	20 C
12 B	11 A	10 B	9 A	19 C
8 A	7 B	6 A	5 B	18 C
4 B	3 A	2 B	1 A	17 C

색상 배색
A. 인디핑크색 8개
B. 블루그린색 8개
C. 아이보리색 9개

번호순으로 모티브를 뜨면서 연결합니다.

포트 홀더 1

베이직한 사각 포트 홀더에 입체감 있는 모티브 꽃을 심어보았습니다.
포트 홀더가 있어 더 화사하고
꽃향기 가득한 주방으로 여러분을 초대합니다.

< How to Make >

완성 사이즈
가로 15cm, 세로 15cm 정도

준비물
사용한 바늘
모사용 코바늘 2호
사용한 실
퓨어코튼사(옐로 3g, 레드 10g, 그린 3g, 화이트 22g)

뜨는 방법

앞판 뜨기
옐로색 실을 감아 원형 코를 만들어 사슬 3코 기둥을 세우고 한길긴뜨기 2코 구슬뜨기와 사슬 2코로 1단을 뜹니다.
레드색 실로 바꾸어 입체 꽃을 8단까지 뜹니다.
9단은 그린색 실로 바꾸어 잎을 뜹니다.
화이트색 실로 바꾸어 사슬뜨기와 한길긴뜨기를 10단에서 12단까지 뜹니다.

뒤판 뜨기
화이트색 실을 감아 원형 코를 만들어 한길긴뜨기와 사슬뜨기로 1단에서 7단까지 뜹니다.

가장자리 뜨기
앞판과 뒤판을 안면끼리 마주 대고 겹쳐서 마무리 단 2단을 뜹니다.
1단은 레드색 실로 뜨고, 2단은 화이트색 실로 뜹니다.

포트 홀더 고리 뜨기
화이트색 실로 사슬뜨기 14코로 원형 코를 만듭니다.
2단은 짧은뜨기 30코를 뜹니다.
그런 다음 실 여유분을 남겨 위치에 맞추어 감침질로 꿰매 고정합니다.

앞판 모티브

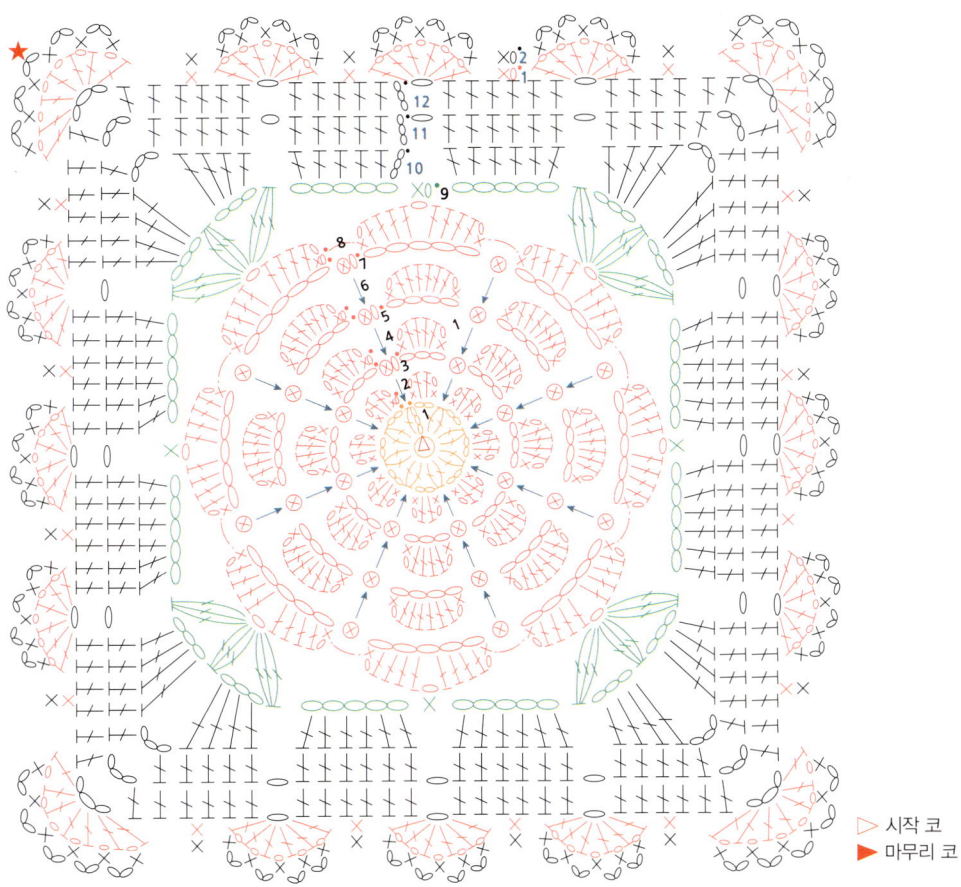

★ 부분에 고리를 달아줍니다.
⊗ 화살표 표시 코에 짧은뜨기를 합니다.

▷ 시작 코
▶ 마무리 코

색상 배색표

단	실 색상
가장자리 2단	화이트
가장자리 1단	레드
10~12단	화이트
9단	그린
2~8단	레드
1단	옐로

입체꽃

1 바늘을 화살표 표시 코에 넣어줍니다.

2 짧은뜨기를 합니다.

3 사슬뜨기 3코를 뜹니다. 짧은뜨기와 사슬뜨기를 반복하여 8개의 사슬고리를 뜬 후 사슬고리에 8개의 꽃잎을 뜹니다.

뒤판 모티브

화이트색 실로 뜹니다.

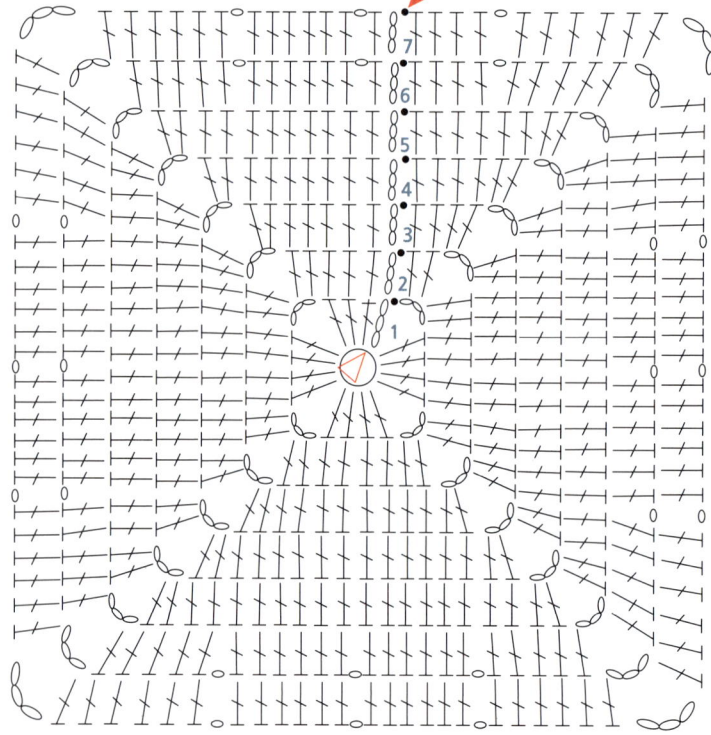

포트 홀더 고리

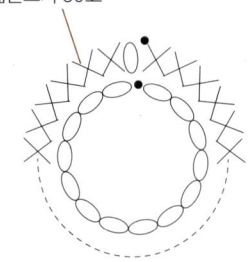

짧은뜨기 30코

화이트색 실로 뜹니다.

1 사슬뜨기 14코로 둥근 원을 만든 후 짧은뜨기 30코를 뜹니다.

2 돗바늘로 마무리하고 실 여유분을 길게 남겨 위치에 맞추어 감침질로 꿰매줍니다.

▷ 시작 코
▶ 마무리 코

Herb sachet

허브 샤세이

로즈마리, 애플민트, 라벤더를 담아
향기 나는 나만의 향주머니, 샤세이를 만들어봅니다.
차 안에 또는 외출 시 가방 한쪽에 살짝 넣어두면
기분 좋은 향이 하루를 즐겁게 하지요.

< How to Make >

완성 사이즈
가로 13cm, 세로 17cm 정도

준비물
사용한 바늘
모사용 코바늘 5호, 6호
사용한 실
램스울(오렌지 10g, 베이지 26g)

뜨는 방법

모티브 뜨기
오렌지색 실을 감아 원형 코를 만들어 한길긴뜨기와 사슬뜨기로 1단을 뜹니다.
한길긴뜨기 2코 구슬뜨기, 한길긴뜨기 5코 팝콘뜨기, 사슬뜨기로 3단까지 뜹니다.
베이지색 실로 바꾸어 한길긴뜨기, 짧은뜨기, 사슬뜨기로 6단까지 뜹니다.

모티브 연결하기
두 번째 모티브의 6단째를 뜨면서 첫 번째 모티브에 빼뜨기로 연결합니다.

윗부분 뜨기
허브 샤세이 윗부분을 베이지색 실로 한길긴뜨기, 짧은뜨기, 사슬뜨기로 5단을 뜹니다.

끈 만들기
베이지색 실 2겹을 코바늘 6호로 사슬뜨기 96코를 뜹니다.
★ 표시한 부분에 완성된 끈을 끼워 넣고 리본 묶기 합니다.

모티브

색상 배색표

단	실 색상
4~6단	베이지
1~3단	오렌지

▷ 시작 코
▶ 마무리 코

허브 샤세이 윗부분 뜨기

끈 만들기

50cm(96코)
베이지색 실 2겹, 6호 바늘

- 베이지색 실로 뜹니다.
- 위의 도안에서 ★ 표시 부분은 끈을 끼우는 부분입니다.

Tissue cover

티슈커버

밋밋할 수 있는 갑 티슈에 예쁜 옷을 입혀 눈길을 끄는
인테리어 데코용 소품으로 꾸며봅니다.

⬡ How to Make

완성 사이즈
가로 23.5cm, 세로 12cm,
폭 12cm 정도

준비물
사용한 바늘
모사용 코바늘 5호
사용한 실
울사(배색 실-라이트옐로, 블루그린,
바이올렛, 블루, 스카이블루, 오렌지,
인디핑크, 다크레드, 머스터드 10g씩,
바탕 색실-레드 80g)

뜨는 방법

모티브 뜨기
모티브 도안을 참고하여 실을 감아 원형 코를 만들어 사슬뜨기, 한길긴뜨기, 한길긴뜨기 3코 구슬뜨기로 1, 2단을 취향대로 색상을 배색하면서 뜹니다.
3단은 레드색 실로 한길긴뜨기와 한길긴뜨기 앞걸어뜨기로 뜹니다.
A 부분 24개, B 부분 4개, B′ 부분 4개로 모두 32개의 모티브를 완성합니다.

티슈커버 연결하기
그림을 참고하여 A 부분에서 굵은 선 표시 부분(티슈 빼는 입구)을 제외하고 한 코 감아잇기로 24개의 모티브를 연결합니다.
B와 B′ 부분도 4개 모티브로 각각 연결합니다.
연결한 A 부분에 B와 B′ 부분의 연결 방향을 참고하여 입체적으로 연결해 줍니다.

입구 부분과 바닥 면 뜨기
입구 부분은 레드색 실로 짧은뜨기 1단을 뜹니다. 바닥 면은 4군데 코너에서 짧은뜨기 4단을 코 줄임하면서 떠 완성합니다.

모티브

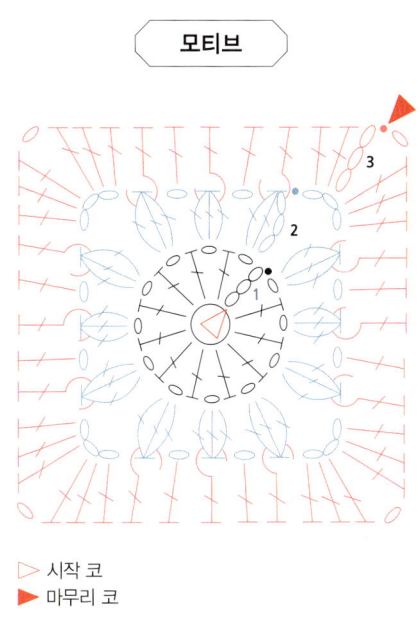

▷ 시작 코
▶ 마무리 코

모티브 연결하고 바닥 면 뜨기

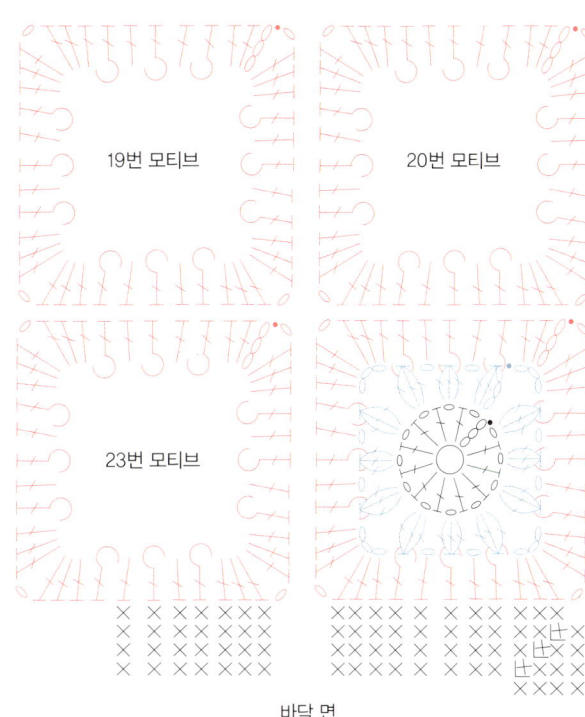

바닥 면

모티브 연결하기

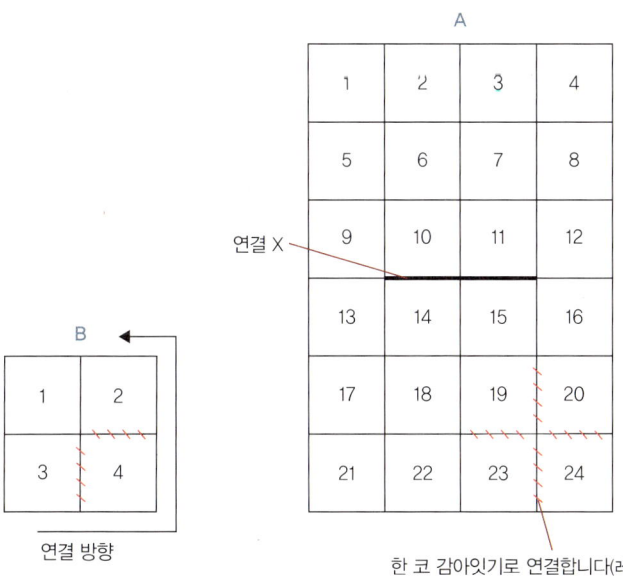

한 코 감아잇기로 연결합니다(레드색).

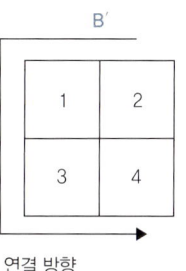

연결 방향

Square Motif

< Bag >

손목 백

심플한 사각 모티브 디자인에 가볍고 실용적인 손목 백이에요.
편안한 옷차림에 어울리는 데일리 백으로 활용도가 높습니다.

⬡ How to Make

완성 사이즈
가로 19cm, 세로 29cm 정도,
손잡이 높이 13cm 정도

준비물
사용한 바늘
모사용 코바늘 5호, 6호
사용한 실
린넨사(네이비 130g, 브라운 25g)

뜨는 방법

모티브 뜨기
실을 감아 원형 코를 만들어 사슬 3코 기둥을 세우고 한길긴뜨기와 사슬뜨기로 1단을 뜹니다. 매 단마다 16코씩 늘리면서 4단까지 뜹니다.
네이비색 10개와 브라운색 2개를 뜹니다.

모티브 연결하기
네이비색 실을 돗바늘에 꿰어 한 코 감아잇기로 12개의 모티브를 연결하고 반으로 접어 나머지도 연결합니다.

가방 입구 부분 뜨기
입구 부분은 네이비 실로 짧은뜨기 3단을 뜨면서 손잡이 끼우는 구멍을 만듭니다.

손잡이 뜨기
브라운색 실 3겹을 6호 코바늘로 사슬뜨기하여 손잡이 위치에 넣은 후 묶어 완성합니다.

모티브

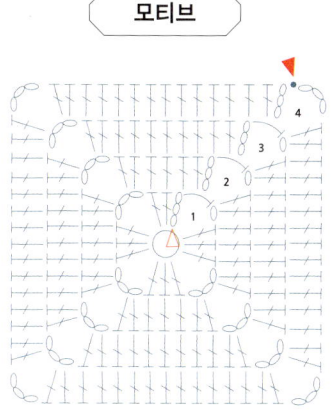

• 네이비색 10개와 브라운색 2개를 뜹니다.

손잡이 뜨기

브라운색 실 3겹을 코바늘 6호로 뜹니다.

가방 안쪽에서 묶어줍니다.

모티브 연결하기와 입구 부분 뜨기

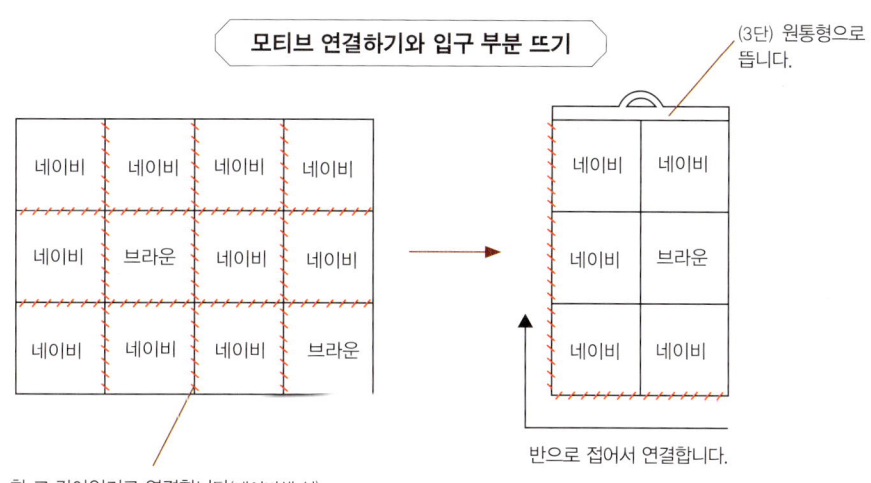

한 코 감아잇기로 연결합니다(네이비색 실).

반으로 접어서 연결합니다.

(3단) 원통형으로 뜹니다.

가방 입구 부분 뜨기

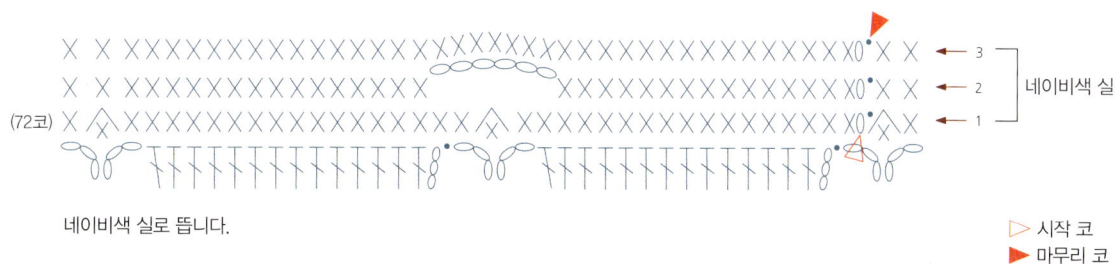

네이비색 실로 뜹니다.

▷ 시작 코
▶ 마무리 코

〈 Stole 〉

스톨

부드러운 그린색의 모헤어 삼각형 스톨이에요.
태슬을 달아 우아한 느낌을 살려보았답니다.
부드럽게 몸에 착 감겨 나를 보호해준다는 느낌에 기분이 좋아진답니다.

How to Make

완성 사이즈
가로 150cm, 세로 52cm 정도

준비물
사용한 바늘
모사용 코바늘 5호
사용한 실
모헤어사 그린 150g

뜨는 방법

모티브 뜨기
사슬뜨기 5코로 원형 코를 만들어 사슬 3코 기둥을 세우고 한길긴뜨기 19코로 1단을 뜹니다. 한길긴뜨기, 한길긴뜨기 3코 구슬뜨기, 짧은뜨기, 사슬뜨기로 5단까지 뜹니다.

모티브 연결하기
모티브의 5단째를 뜨면서 빼뜨기로 연결합니다.
연결 순서대로 42개의 모티브를 연결합니다.

태슬 만들기
그림을 참고하여 5개의 태슬을 만들어 표시된 위치에 달아 스톨을 완성합니다.

모티브

33개의 모티브를 뜹니다.

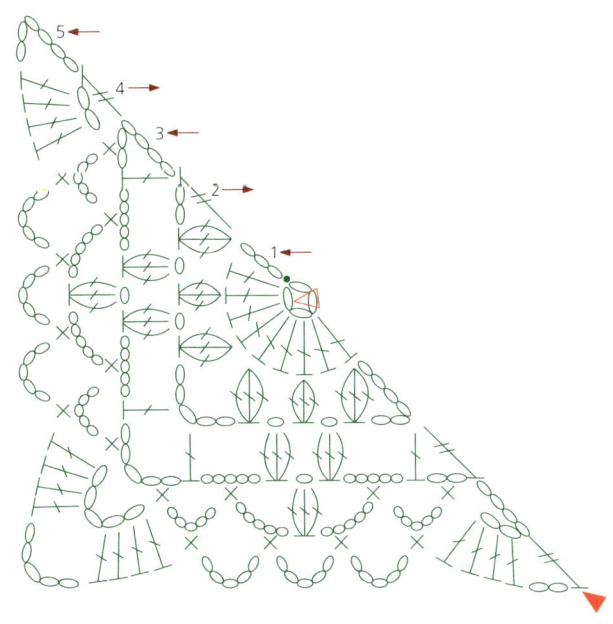

▷ 시작 코
▶ 마무리 코

9개의 모티브를 뜹니다.

모티브 뜨면서 연결하기

모티브의 5단째를 뜨면서 연결합니다.

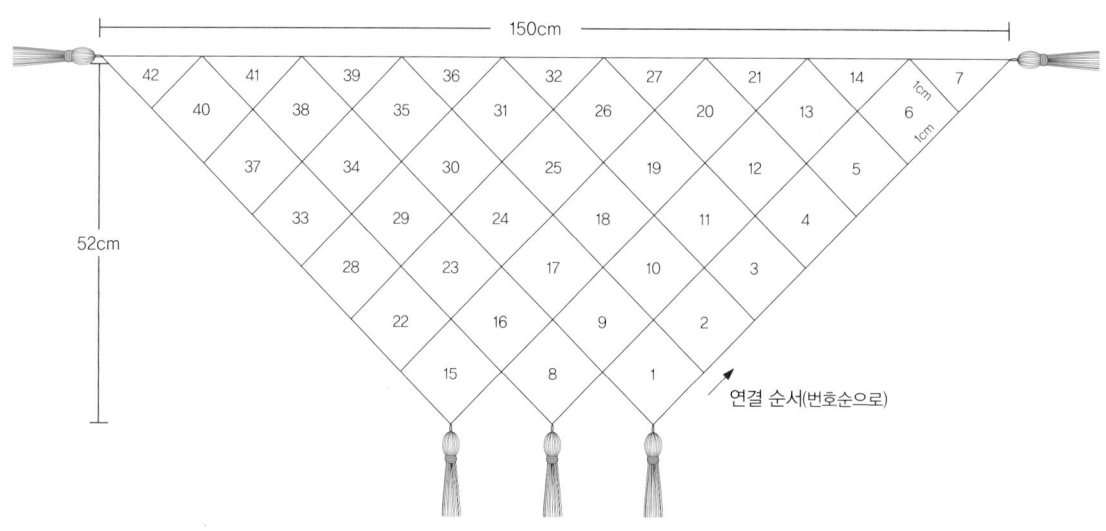

연결 순서(번호순으로)

태슬 만들기

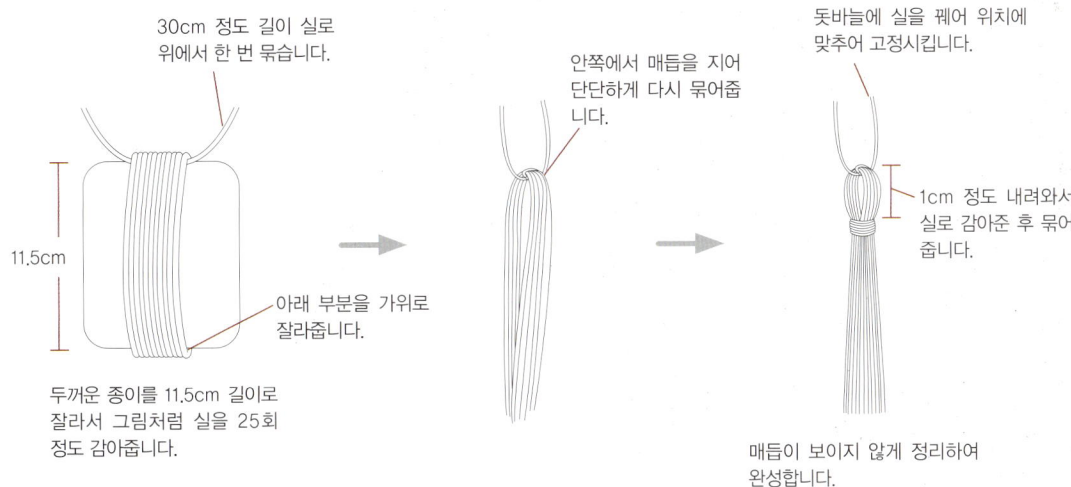

30cm 정도 길이 실로 위에서 한 번 묶습니다.

11.5cm

아래 부분을 가로로 잘라줍니다.

두꺼운 종이를 11.5cm 길이로 잘라서 그림처럼 실을 25회 정도 감아줍니다.

안쪽에서 매듭을 지어 단단하게 다시 묶어줍니다.

돗바늘에 실을 꿰어 위치에 맞추어 고정시킵니다.

1cm 정도 내려서 실로 감아준 후 묶어줍니다.

매듭이 보이지 않게 정리하여 완성합니다.

Cushion

비스코뉘 쿠션

단순하고 간단한 디자인의 사각 모티브 2장을 변형하여
유니크하면서도 색다른 느낌의 쿠션을 만들어봅니다.
작은 아이디어가 큰 만족감을 선사합니다.

How to Make

완성 사이즈

가로 40cm, 세로 40cm 정도

준비물

사용한 바늘

모사용 코바늘 6호

사용한 실

퓨어코튼사 2겹(브라운 160g,
바이올렛 19g, 블루 39g, 그린 28g,
퍼플 22g, 레드 30g, 머스터드 39g)

기타 재료

쿠션 솜용 원단, 솜

뜨는 방법

모티브 뜨기

색상 배색표를 참고하여 2겹의 실로 사슬뜨기 5코를 떠서 원형 코를 만듭니다.
한길긴뜨기와 사슬뜨기로 16단까지 떠 앞판과 뒤판을 뜹니다.

앞·뒤판 연결하기

그림(68쪽)과 같이 A와 A'가 만나도록 안면끼리 마주 대고 겹쳐서 짧은뜨기로 G와 G'가 만나는 부분까지 연결합니다.
쿠션 솜을 넣고 나머지 부분도 짧은뜨기로 연결하여 완성합니다.

쿠션 솜 만들기

시접 1cm 포함해서 42×42cm로 2장를 재단합니다.
그림과 같이 A와 A'가 만나도록 겉면끼리 마주 대고 겹쳐서 바느질합니다.
창구멍만 남겨 연결한 후 뒤집어서 솜을 채웁니다.
창구멍은 공그르기 또는 감침질로 마무리합니다.

모티브

매 단마다 같은 방법으로 16코씩 늘리면서 16단까지 뜹니다.

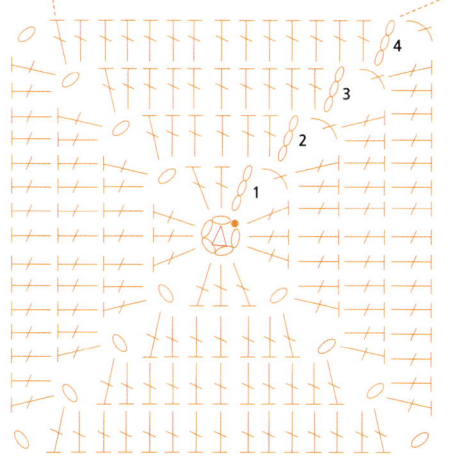

▷ 시작 코
▶ 마무리 코

한길긴뜨기 콧수와 코 늘리기

단	콧수	코 늘리기
16단	252코	
15단	236코	+16코
14단	220코	+16코
13단	204코	+16코
12단	188코	+16코
11단	172코	+16코
10단	156코	+16코
9단	140코	+16코
8단	124코	+16코
7단	108코	+16코
6단	92코	+16코
5단	76코	+16코
4단	60코	+16코
3단	44코	+16코
2단	28고	+16코
1단	12코	

레드 톤 색상 배색표

단	실 색상
16단	머스터드+브라운
14~15단	레드+브라운
12~13단	퍼플+브라운
8~11단	머스터드+브라운
5~7단	레드+브라운
1~4단	퍼플+브라운

블루 톤 색상 배색표

단	실 색상
16단	그린+브라운
13~15단	블루+브라운
11~12단	바이올렛+브라운
8~10단	그린+브라운
4~7단	블루+브라운
1~3단	바이올렛+브라운

비스코뉴 쿠션 연결하기

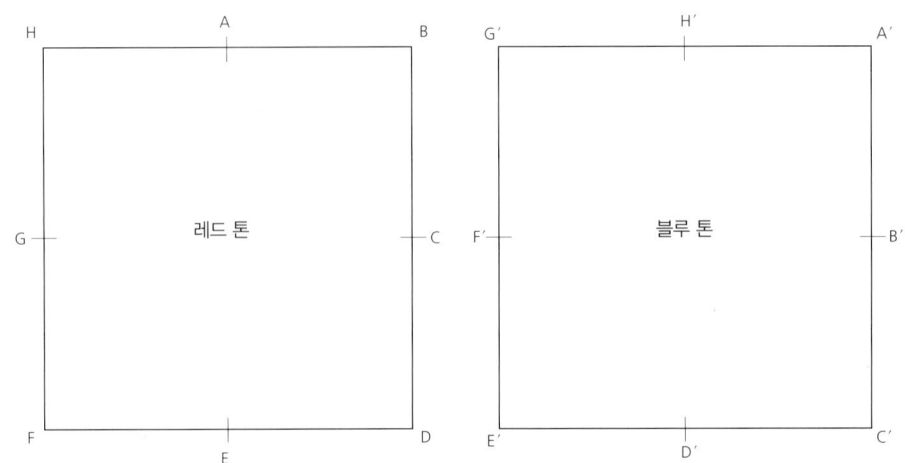

A와 A′가 만나도록 안면끼리 마주 대고 겹쳐서 짧은뜨기로 G와 G′가 만나는 부분까지 연결합니다.
쿠션 솜을 넣고 나머지 부분도 짧은뜨기로 연결하여 완성합니다.

쿠션 솜 만들기

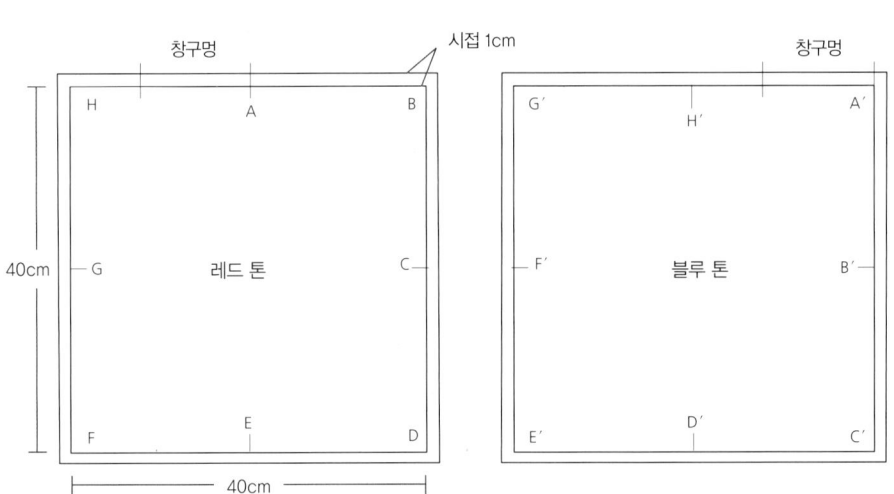

A와 A′가 만나도록 겉면끼리 마주 대고 겹쳐서 바느질합니다. 창구멍만 남겨 연결한 후 뒤집어서
솜을 채웁니다.
창구멍은 공그르기 또는 감침질로 마무리합니다.

Embroidery Frame

수틀 액자

클래식한 레이스에 꽃 한 송이를 더한 앤티크 수틀 액자입니다.
우리 집 거실의 품격을 높여줍니다.

<　How to Make　>

완성 사이즈
지름 14cm, 20cm 정도

준비물
사용한 바늘
모사용 코바늘 2호
사용한 실
퓨어코튼사 아이보리 28g
기타 재료
내경 13cm와 18.5cm 나무 수틀

뜨는 방법

원형 모티브 뜨기
실을 감아 원형 코를 만들어 사슬 1코 기둥을 세우고 짧은뜨기 10코로 1단을 뜹니다.
한길긴뜨기, 한길긴뜨기 2코 모아뜨기, 한길긴뜨기 3코 구슬뜨기, 짧은뜨기, 사슬뜨기로 11단까지 뜹니다.
작은 수틀은 8단까지 뜹니다.

꽃 뜨기
큰 꽃은 입체 꽃 도안을 참고하여 5단까지 뜹니다.
마무리 코를 뜬 후 여유분의 실을 남깁니다.
작은 꽃은 2단을 뜬 후 여유분 실을 남겨 말아가며 꿰매 꽃을 만듭니다.

잎 뜨기
실을 감아 원형 코를 만들어 사슬 1코 기둥을 세우고 짧은뜨기 6코로 1단을 뜹니다.
도안을 참고하여 잎을 2개 뜨고 마무리 코를 뜬 후 여유분의 실을 남깁니다.

원형 모티브에 꽃과 잎 달아주기
꽃과 잎의 여유분의 실을 돗바늘에 꿰어 위치에 맞추어 꿰맨 후 나무 수틀에 끼워 완성합니다.

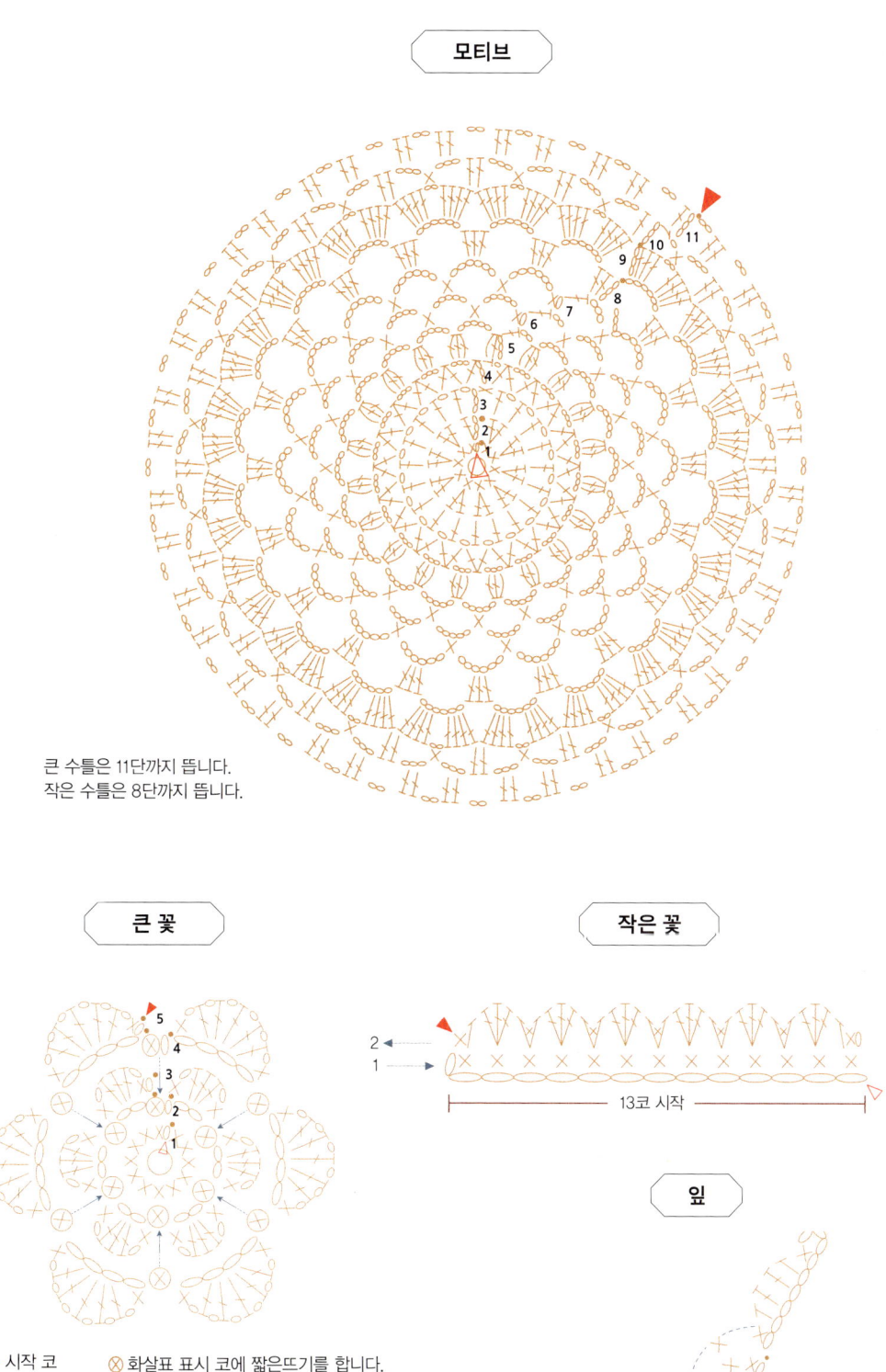

Pot Holder

포트 홀더 2

상큼한 오렌지색 꽃이 돋보이는 원형 포트 홀더와 함께
그윽한 차향과 더불어 웃음 가득한 티타임을 기다려봅니다.

< How to Make >

완성 사이즈
지름 15cm 정도

준비물
사용한 바늘
모사용 코바늘 2호
사용한 실
퓨어코튼사(아이보리 28g, 오렌지 9g, 다크그린 5g)

뜨는 방법

앞판 뜨기
오렌지색 실을 감아 원형 코를 만들어 사슬 3코 기둥을 세우고 한길긴뜨기 2코 구슬뜨기와 사슬 2코로 1단을 뜹니다. 입체 꽃을 8단까지 뜹니다.
다크그린색 실로 바꾸어 한길긴뜨기 3코 구슬뜨기, 사슬뜨기, 짧은뜨기로 9단을 뜹니다.
아이보리색 실로 바꾸어 사슬뜨기와 한길긴뜨기로 10단과 11단을 뜹니다.

뒤판 뜨기
아이보리색 실을 감아 원형 코를 만들어 사슬 3코 기둥을 세우고 한길긴뜨기 15코로 1단을 뜹니다.
한길긴뜨기와 사슬뜨기로 6단까지 뜹니다.

가장자리 뜨기
앞판과 뒤판을 안면끼리 마주 대고 겹쳐서 1단은 아이보리색 실로 사슬 3코 기둥을 세우고 두길긴뜨기로 뜹니다.
2단은 다크그린색 실로 짧은뜨기를 뜹니다.

포트 홀더 고리 뜨기
다크그린색 실로 사슬뜨기 14코 원형 코를 만듭니다.
2단은 짧은뜨기 30코를 뜹니다.
그런 다음 실 여유분을 남겨 위치에 맞추어 감침질로 꿰매 고정시킵니다.

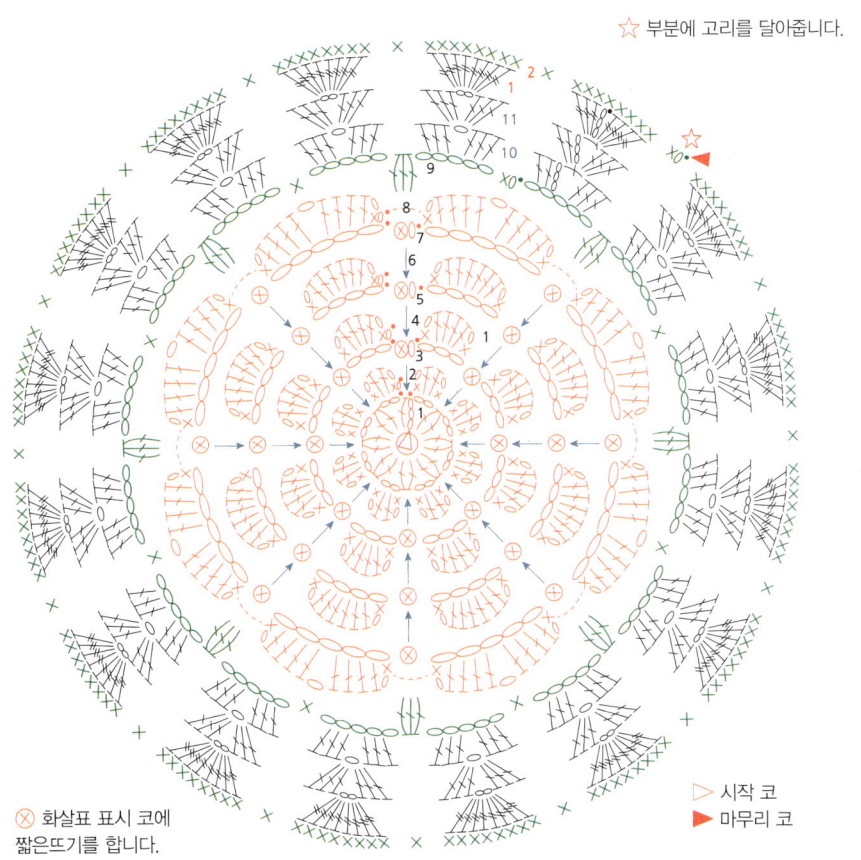

단	실 색상
가장자리 2단	다크그린
가장자리 1단	아이보리
10~11단	아이보리
9단	다크그린
1~8단	오렌지

입체꽃

1 바늘을 화살표 표시 코에 넣어줍니다.

2 짧은뜨기를 합니다.

3 사슬뜨기 3코를 뜹니다. 짧은뜨기와 사슬뜨기를 반복하여 8개의 사슬고리를 뜬 후 사슬고리에 8개의 꽃잎을 뜹니다.

뒤판 모티브

아이보리색 실로 뜹니다.

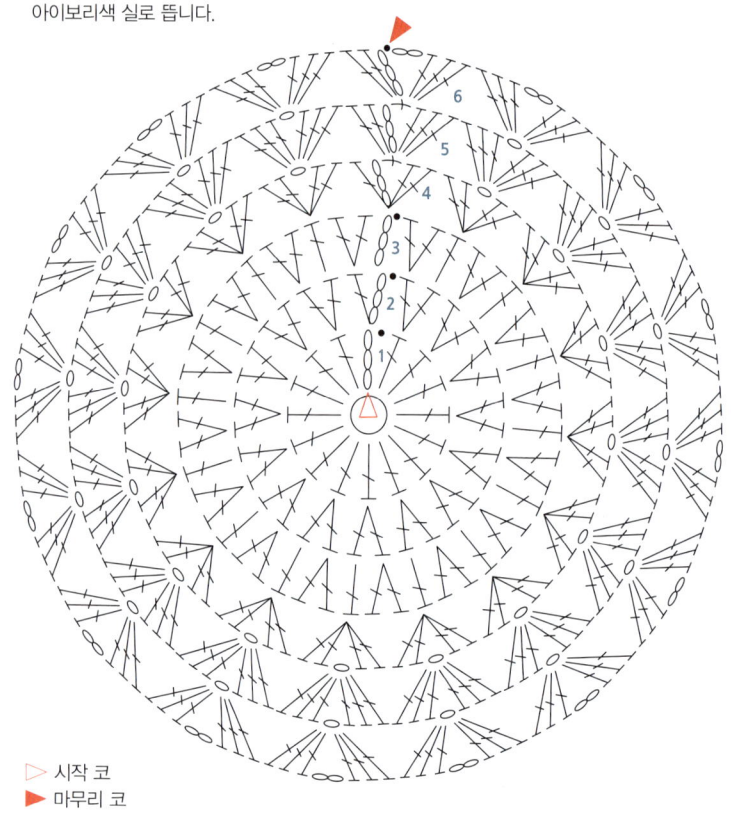

▷ 시작 코
▶ 마무리 코

포트 홀더 고리

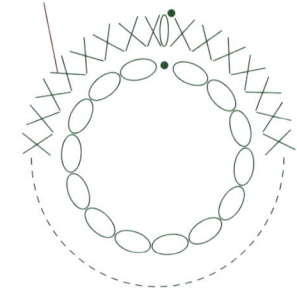

짧은뜨기 30코

다크그린색 실로 뜹니다.

1 사슬뜨기 14코로 둥근 원을 만든 후 짧은뜨기 30코를 뜹니다.

2 돗바늘로 마무리하고 여유분의 실을 길게 남겨 위치에 맞추어 감침질로 꿰 매줍니다.

Circle Motif

Table Mat

테이블 매트

느긋하게 즐기는 브런치, 햇살 가득한 나른한 오후
차 한 잔도 빛내주는 테이블 매트.
소소한 행복을 만끽해보세요.

<　How to Make　>

완성 사이즈
가로 45cm, 세로 25cm 정도

준비물
사용한 바늘
모사용 코바늘 2호
사용한 실
퓨어코튼사
(그레이 55g, 딥블루그린 10g)

뜨는 방법

모티브 뜨기
실을 감아 원형 코를 만들어 사슬 3코 기둥을 세우고 사슬뜨기와 한길긴뜨기로 1단을 뜹니다.
한길긴뜨기, 한길긴뜨기 3코 모아뜨기, 사슬뜨기, 짧은뜨기, 사슬 3코 피코빼뜨기로 5단까지 떠서 첫 번째 모티브를 완성합니다.

모티브 뜨면서 연결하기
두 번째 모티브의 5단째 사슬 3코 피코 빼뜨기를 하면서 첫 번째 모티브에 연결합니다.
색상 배색을 참고하여 번호순으로 연결해서 완성합니다.

모티브

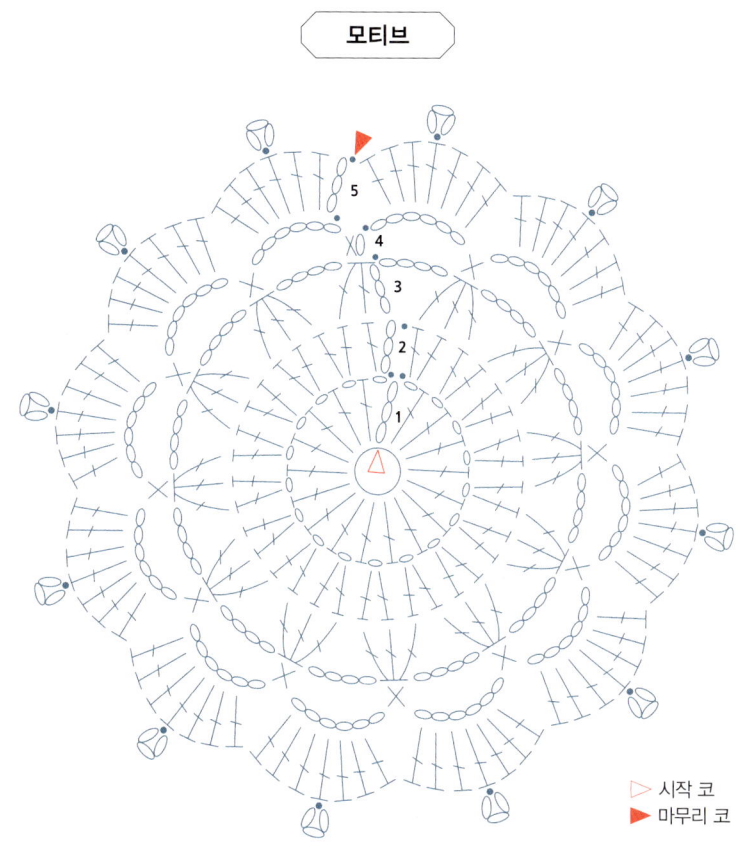

▷ 시작 코
▶ 마무리 코

모티브 연결하기아 색산 배색

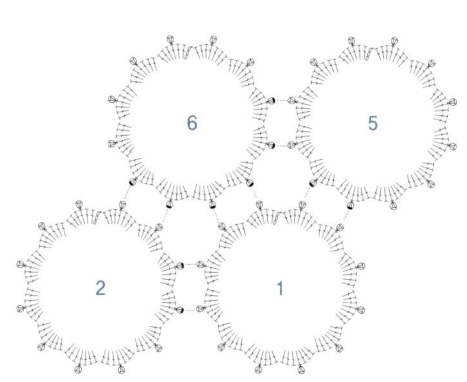

그레이색 모티브 11개
딥블루그린색 모티브 2개

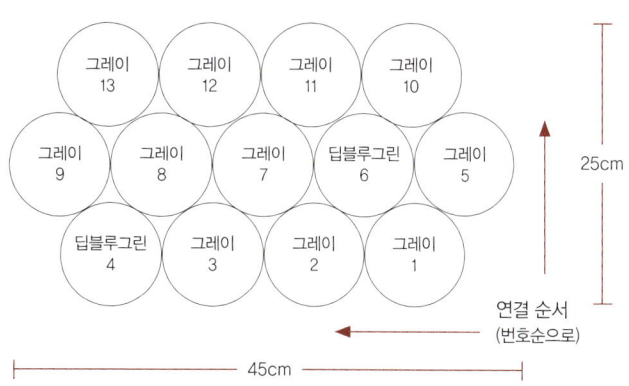

모티브의 5단째 사슬 3코 피코 빼뜨기를 뜨면서 연결합니다.

요요 바구니 덮개

섬세한 요요 바구니 덮개 사이로 보이는 달콤한 사탕, 고소한 쿠키
정성스러운 간식을 찾은 아이들의 웃음소리가 느껴져
미소 짓게 됩니다.

< How to Make >

완성 사이즈
가로 26cm, 세로 22cm 정도

준비물
사용한 바늘
모사용 코바늘 2호
사용한 실
퓨어코튼사 화이트 30g
기타 재료
무늬 원단 4종

뜨는 방법

모티브 뜨기
화이트색 실을 감아 원형 코를 만들어 사슬 3코 기둥을 세우고 사슬뜨기와 한길긴뜨기로 1단을 뜹니다.
한길긴뜨기 3코 구슬뜨기, 사슬뜨기, 짧은뜨기로 3단까지 뜹니다.

모티브 뜨면서 연결하기
모티브의 3단째를 뜨면서 빼뜨기로 연결합니다.
요요 부분을 제외하고 번호순으로 연결해줍니다.

요요 만들기
무늬 원단을 지름 9.5cm 원형으로 재단합니다.
재단한 원단에 0.5cm 시접을 표시한 후 접어 넣으면서 홈질합니다.
홈질한 실을 당겨 오므려 단단하게 마무리합니다.
요요 7개를 만듭니다.

요요 연결하기
완성한 요요를 위치에 맞추어 감침질로 네 곳을 연결해 완성합니다.

모티브

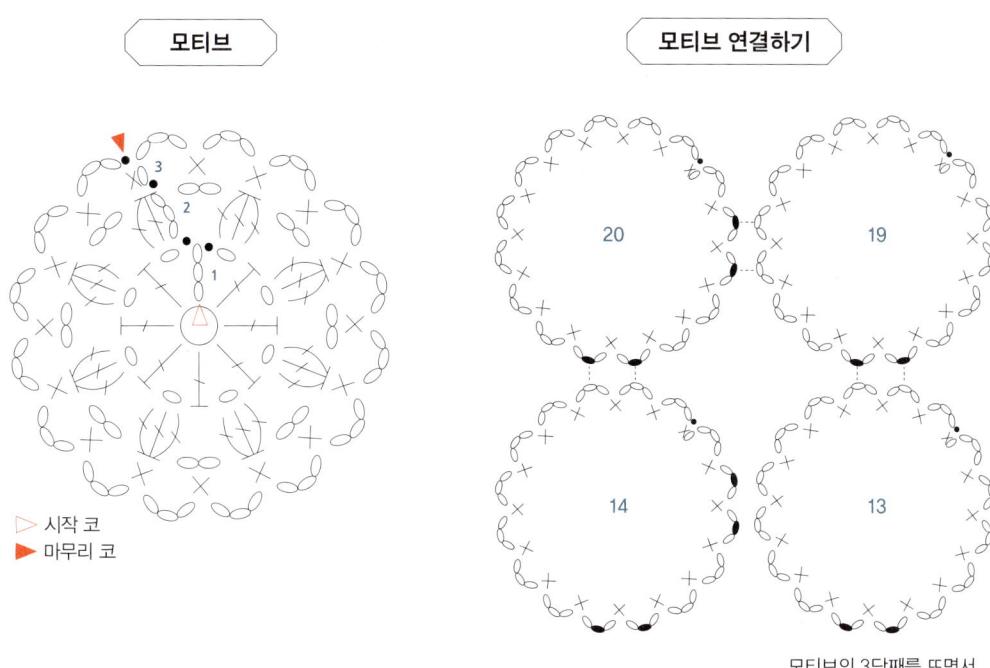

▷ 시작 코
▶ 마무리 코

모티브 연결하기

모티브의 3단째를 뜨면서
빼뜨기로 연결합니다.

요요 만들기

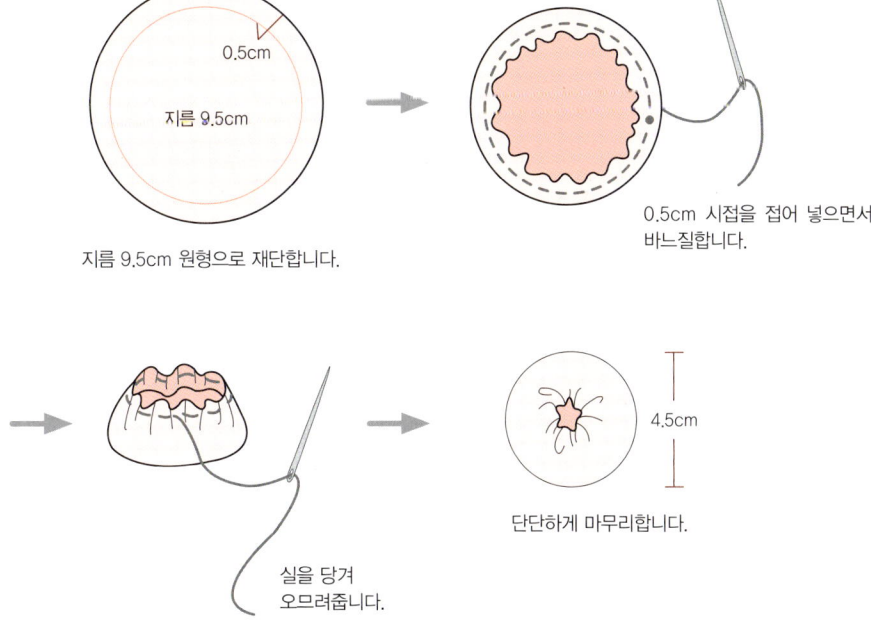

요요 7개를 만듭니다.

지름 9.5cm 원형으로 재단합니다.

0.5cm 시접을 접어 넣으면서
바느질합니다.

실을 당겨
오므려줍니다.

단단하게 마무리합니다.

모티브와 요요 연결하기

모티브 23개와 요요 7개를 연결합니다.

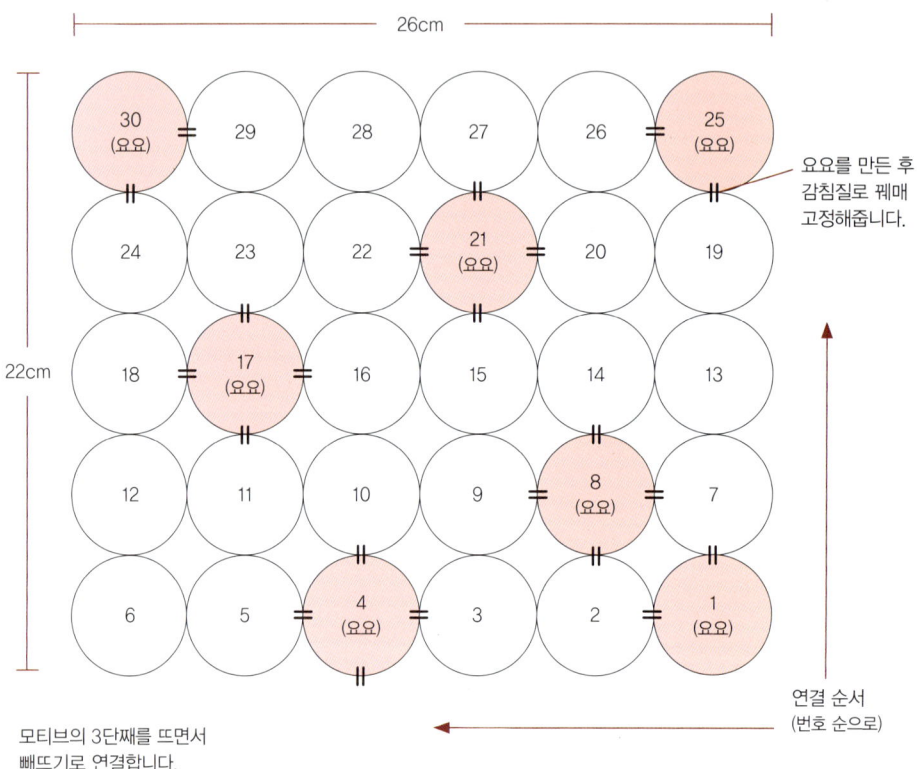

요요를 만든 후 감침질로 꿰매 고정해줍니다.

연결 순서
(번호 순으로)

모티브의 3단째를 뜨면서 빼뜨기로 연결합니다.

Circle Motif

Hair Band

두건

흘러내리는 머리를 부드럽게 감싸주어
가볍게 쓰기 좋은 빈티지 색감의 두건입니다.
하나쯤 준비해두면 자주 애용하는 패션 소품이 될 거예요.

< How to Make >

완성 사이즈
길이 46.5cm, 폭 11.5cm,
끈 길이 20cm 정도

준비물
사용한 바늘
모사용 코바늘 5호
사용한 실
코튼사(옐로 18g, 그린 38g)

뜨는 방법

모티브 뜨기
옐로색 실을 감아 원형 코를 만들어 사슬 3코 기둥을 세우고 한길긴뜨기 2코 구슬뜨기와 사슬뜨기로 1단을 뜹니다.
2단은 그린색 실로 바꾸어 한길긴뜨기 3코 모아뜨기와 사슬뜨기로 떠서 1번 모티브를 완성합니다.

모티브 뜨면서 연결하기
2번 모티브의 2단째를 뜨면서 1번 모티브에 빼뜨기로 연결합니다.
26개의 모티브를 번호순으로 뜨면서 연결합니다.

두건 끈 뜨기
그린색 실로 짧은뜨기, 긴뜨기, 한길긴뜨기, 두길긴뜨기, 사슬뜨기로 22단까지 뜹니다.
23단째는 한길긴뜨기 7코 모아뜨기로 마무리합니다.
두건의 나머지 반대쪽도 같은 방법으로 떠서 완성합니다.

모티브

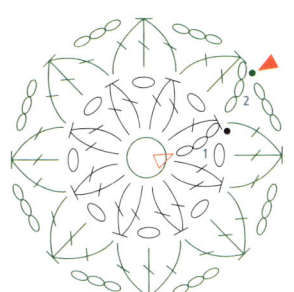

색상 배색표

단	실 색상
2단	그린
1단	옐로

모티브 연결하기

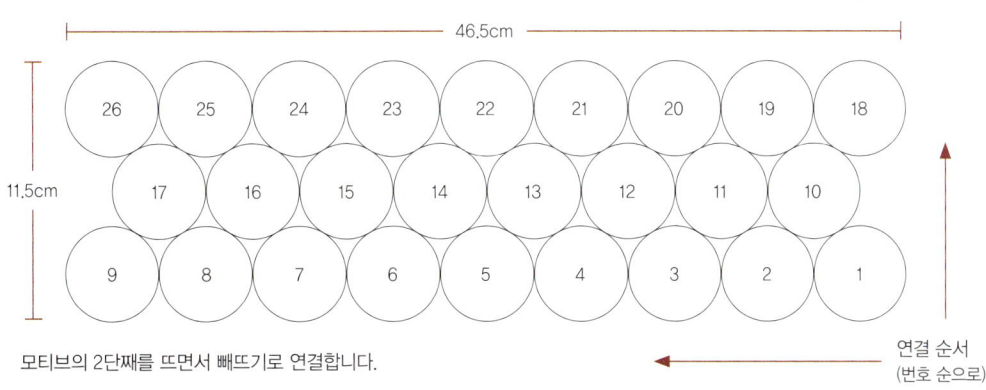

모티브의 2단째를 뜨면서 빼뜨기로 연결합니다.

연결 순서
(번호 순으로)

두건 끈 뜨기

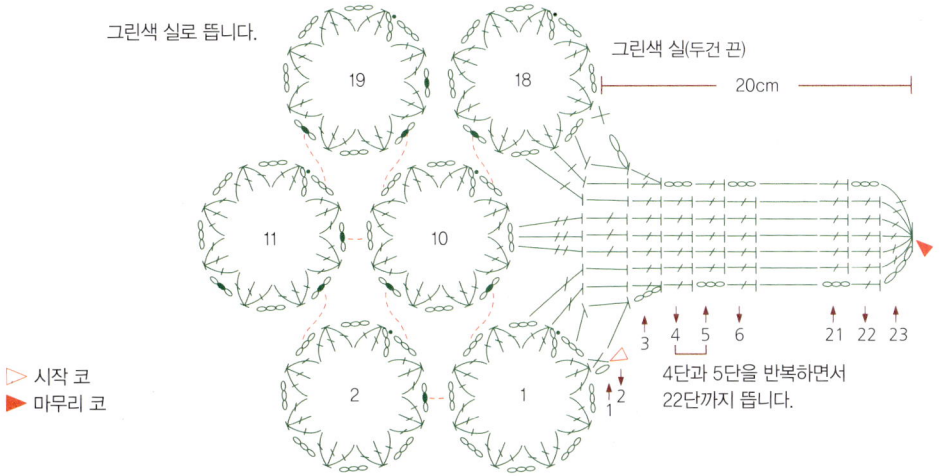

그린색 실로 뜹니다.

그린색 실(두건 끈)

4단과 5단을 반복하면서
22단까지 뜹니다.

▷ 시작 코
▶ 마무리 코

Bag

서클 백

한 코 한 코 정성이 더해진 러블리한 서클 백.
적당한 사이즈에 수납도 좋아 나들이 발걸음이
한결 밝고 가벼워질 겁니다.

⬡ How to Make ⬡

완성 사이즈
지름 19.5cm, 폭 5cm 정도,
손잡이 높이 6cm 정도

준비물
사용한 바늘
모사용 코바늘 5호
사용한 실
린넨사(베이지 72g, 블루 44g)

뜨는 방법

앞, 뒤판 뜨기
베이지색 실을 감아 원형 코를 만들어 사슬 3코 기둥을 세우고 한길긴뜨기 17코로 1단을 뜹니다.
짧은뜨기와 한길긴뜨기로 12단까지 뜹니다.
블루색 실로 바꾸어 손잡이 부분(36코)을 뜨면서 짧은뜨기로 5단을 뜹니다.
앞판과 뒤판 2개를 뜹니다.

앞판과 뒤판 연결하기
앞판과 뒤판의 겉면끼리 마주 대고 안면에서 짧은뜨기로 연결합니다(76코).

손잡이 부분 꿰매기
손잡이 부분 20코를 돗바늘에 블루색 실을 꿰어 원통형으로 감침질합니다.

장식 고리 뜨기
블루색 실로 1단에서 4단까지 원형 모티브를 뜹니다.
베이지색 실로 1단에서 2단까지 뜹니다.
베이지색 원형 모티브에 블루색 실을 걸어 사슬 50코를 뜬 다음 블루색 원형 모티브에 연결하여 완성합니다.

앞, 뒤판 뜨기

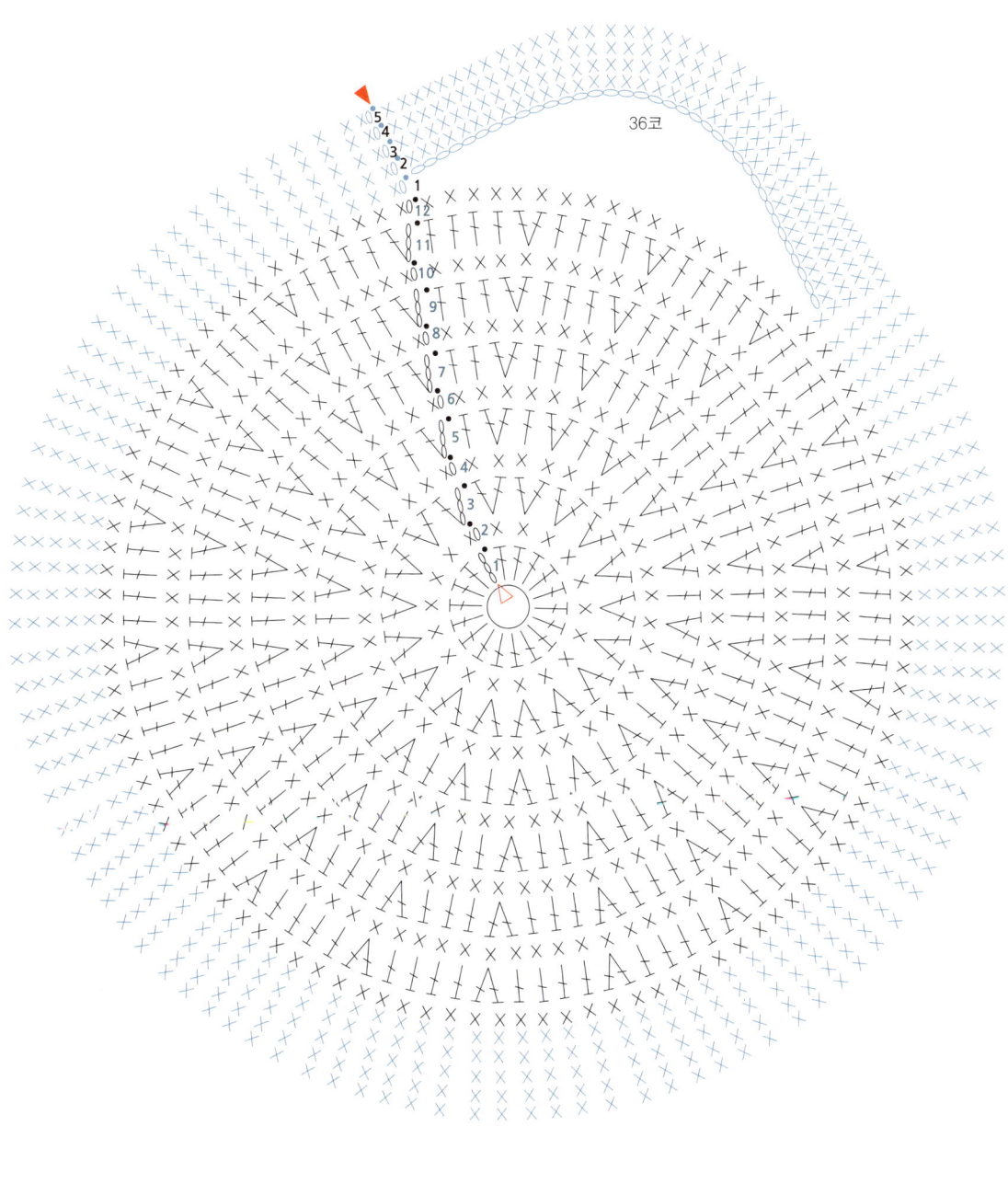

36코

▷ 시작 코
▶ 마무리 코

콧수와 코 늘리기

단	콧수	코 늘리기
12단	108코	
11단	108코	+18코
10단	90코	
9단	90코	+18코
8단	72코	
7단	72코	+18코
6단	54코	
5단	54코	+18코
4단	36코	
3단	36코	+18코
2단	18코	
1단	18코	

앞, 뒤판 연결하기

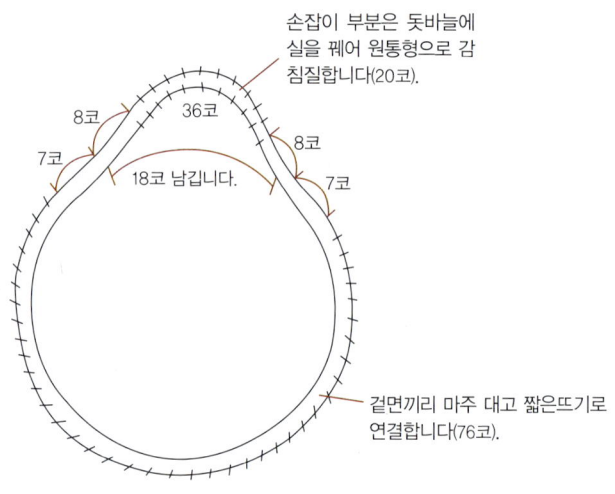

손잡이 부분은 돗바늘에 실을 꿰어 원통형으로 감침질합니다(20코).

8코 36코 8코
7코   7코
18코 남깁니다.

겉면끼리 마주 대고 짧은뜨기로 연결합니다(76코).

장식 고리 뜨기

블루 — 24cm(50코) 블루색 실 — 베이지

뜨는 방향

블루색 실로 4단까지 뜹니다.　　베이지색 실로 2단까지 뜹니다.

Curtain

동그라미 커튼

따스한 햇살이 쏟아지는 창문에 걸어두기만 해도
마음까지 밝고 환해지는 파스텔 톤 동그라미 커튼.
특별한 날엔 테이블 크로스로 활용해보세요.

⟨ How to Make ⟩

완성 사이즈
가로 62.5cm, 세로 93.5cm 정도

준비물
사용한 바늘
모사용 코바늘 5호
사용한 실
코튼사(아이보리 50g, 라이트핑크 50g,
라이트바이올렛 50g, 라이트오렌지 50g,
라이트그린 50g, 스카이블루 50g)

뜨는 방법

모티브 뜨기
실을 감아 원형 코를 만들어 사슬 3코 기둥을 세우고 한길긴뜨기 15코로 1단을 뜹니다.
사슬뜨기, 한길긴뜨기, 짧은뜨기로 4단까지 뜹니다.
6가지 색상으로 16개씩 모티브를 뜹니다.

모티브 연결하기
완성한 96개의 모티브를 색상 배열을 참고하여 연결합니다.
연결 방법은 표시한 모티브의 네 곳을 돗바늘에 실을 꿰어 감침질로 연결합니다.

모티브

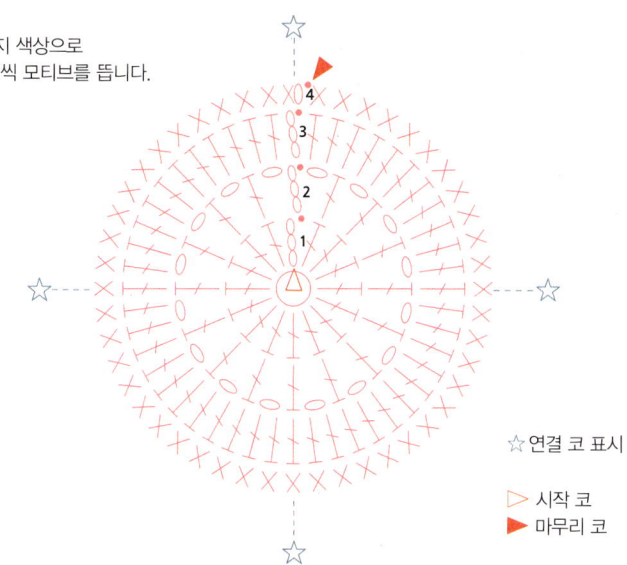

6가지 색상으로
16개씩 모티브를 뜹니다.

☆ 연결 코 표시
▷ 시작 코
▶ 마무리 코

모티브 배열과 연결하기

93.5cm

62.5cm

실 색상

A 아이보리
B 라이트 핑크
C 라이트 바이올렛
D 라이트 오렌지
E 라이트 그린
F 스카이 블루

돗바늘에 실을 꿰어
감침질로 연결합니다.

> Scissors Case

가위집

뜨개질할 때나 바느질할 때 필수 아이템인 가위. 하지만 조심스럽기도 하지요.
심플하고 안전한 가위집을 만들어 보관하면 어떨까요?

⟨ How to Make ⟩

완성 사이즈
가로 6cm, 세로 12cm,
끈 길이 15cm 정도

준비물
사용한 바늘
모사용 코바늘 5호
사용한 실
램스울사(오렌지 5g, 블루그린 7g)
기타 재료
나무구슬

뜨는 방법

모티브 A 뜨기
실을 감아 원형 코를 만들어 사슬 3코 기둥을 세우고 한길긴뜨기와 사슬뜨기로 1단을 뜹니다.
모티브의 윗부분은 4코씩 늘리고, 아래 부분은 6코씩 늘리면서 2단과 3단을 뜹니다.
오렌지색 1개와 블루그린색 1개를 뜹니다.

모티브 B 뜨기
블루그린색 실을 감아 원형 코를 만들어 사슬 3코 기둥을 세우고 한길긴뜨기와 사슬뜨기로 1단을 뜹니다.
2단과 3단은 12코씩 늘리면서 뜹니다.
블루그린색 1개를 뜹니다.

모티브 연결하기
블루그린색 모티브 A와 B를 한 코 감아잇기로 연결합니다.

마무리 단 뜨기
연결한 블루그린색 모티브와 오렌지색 모티브를 안면끼리 마주 대고 겹쳐서 짧은뜨기 1단을 뜹니다.

끈 뜨기
오렌지색 실로 사슬뜨기 104코로 끈을 떠서 나무구슬과 가위를 연결하여 가위집을 완성합니다.

모티브 A

모티브 B

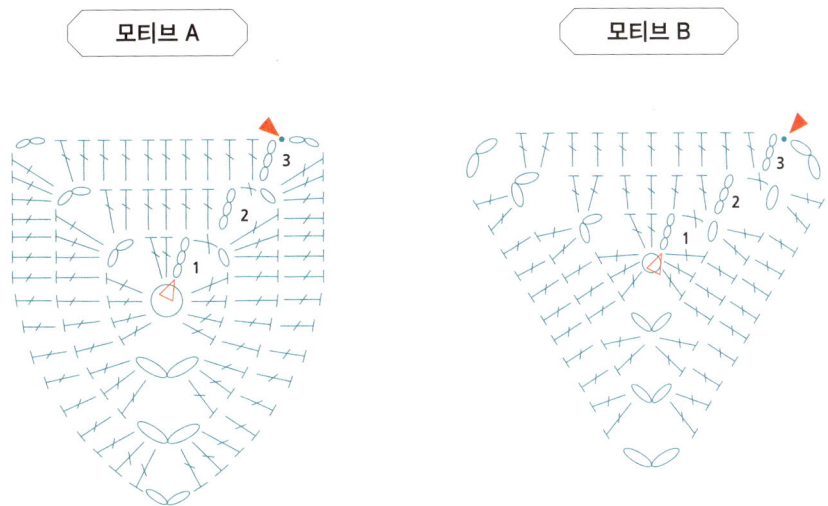

오렌지색 1개와 블루그린색 1개를 뜹니다.

블루그린색 1개를 뜹니다.

모티브 연결하고 마무리 단 뜨기

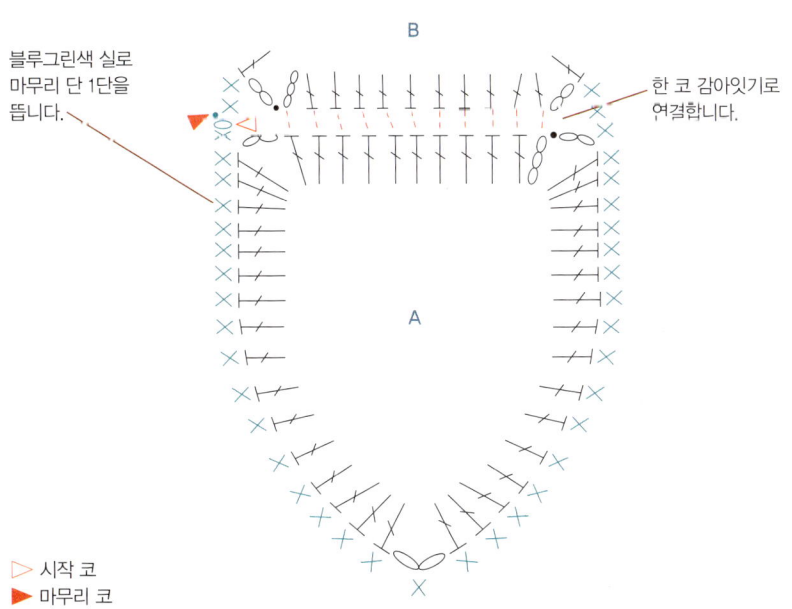

블루그린색 실로 마무리 단 1단을 뜹니다.

한 코 감아잇기로 연결합니다.

▷ 시작 코
▶ 마무리 코

끈 뜨기

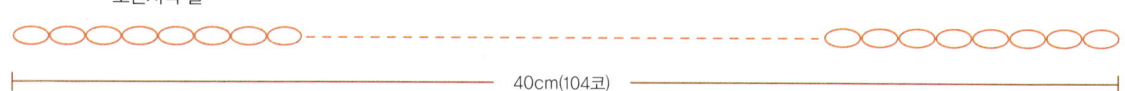

오렌지색 실

40cm(104코)

가위집 연결하기

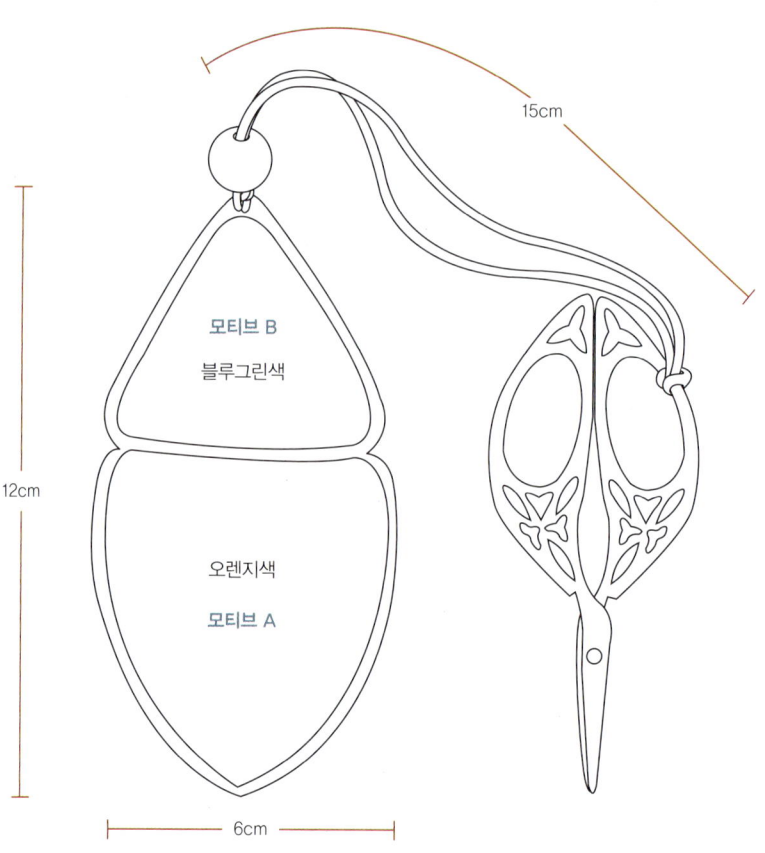

15cm

모티브 B
블루그린색

12cm

오렌지색
모티브 A

6cm

112 Triangle · Pentagon Motif

⟨ Doily ⟩

도일리

분위기에 따라 기분에 따라 자유롭게 연출이 가능한 도일리.
화사한 화병 아래 놓아도, 스탠드에 걸쳐 놓아도
함께하는 물건이 빛을 발한답니다.

How to Make

완성 사이즈
지름 25cm 정도

준비물
사용한 바늘
모사용 코바늘 2호
사용한 실
퓨어코튼사(인디핑크 5g, 민트 6g, 화이트 20g)

뜨는 방법

모티브 뜨기
인디핑크색 실을 감아 원형 코를 만들어 사슬 1코 기둥을 세우고 짧은뜨기 12코로 1단을 뜹니다.
2단은 사슬뜨기 7코와 빼뜨기로 뜹니다.
3단은 민트색 실로 바꾸어 사슬 1코 기둥을 세우고 짧은뜨기와 사슬뜨기로 뜹니다.
4단은 사슬뜨기, 짧은뜨기, 한길긴뜨기 3코 모아뜨기, 사슬 5코 피코 빼뜨기로 뜹니다.
5단은 화이트색 실로 바꾸어 사슬뜨기, 한길긴뜨기, 짧은뜨기로 떠서 1번 모티브를 완성합니다.

모티브 뜨면서 연결하기
2번 모티브의 5단째를 뜨면서 1번 모티브에 빼뜨기로 연결합니다.
그림을 참고하여 6개의 모티브를 뜨면서 연결합니다.

가장자리 뜨기
화이트색 실을 걸어 사슬 1코 기둥을 세우고 짧은뜨기와 사슬뜨기 5코로 3단을 떠서 도일리를 완성합니다.

모티브

색상 배색표

단	실 색상
5단	화이트
3~4단	민트
1~2단	인디핑크

모티브 연결하기

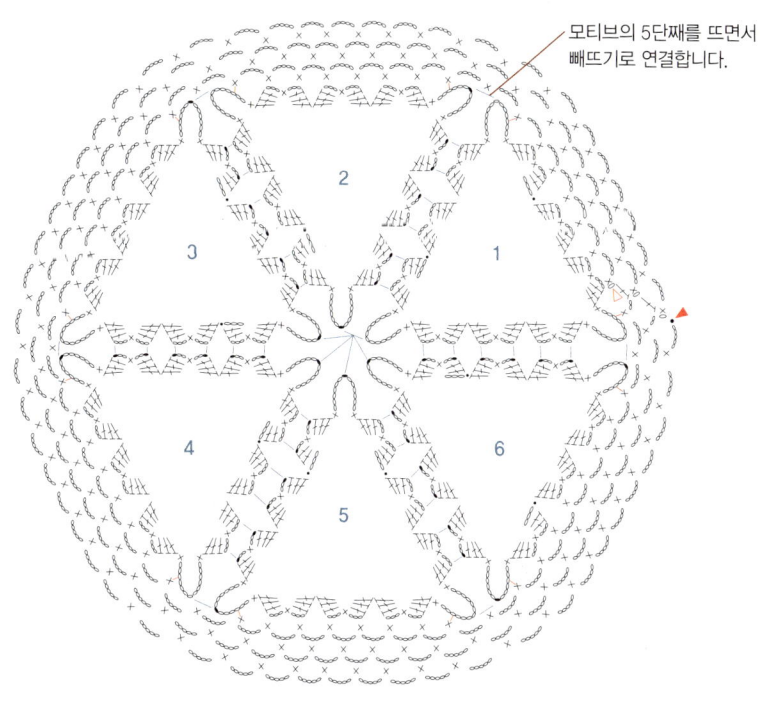

모티브의 5단째를 뜨면서 빼뜨기로 연결합니다.

▷ 시작 코
▶ 마무리 코

화이트색 실로 뜹니다.

Spectacle Case

안경집

나이가 더해지면서 안경이 필수품인 분께
센스 있는 선물로 좋은 안경집.
살짝 바닥 면이 있어 안전하게 보관할 수 있는
실용적인 아이템이랍니다.

< How to Make >

완성 사이즈
가로 19cm, 세로 11cm 정도

준비물
사용한 바늘
모사용 코바늘 5호
사용한 실
램스울사(퍼플 6g, 핑크 9g,
다크그린 28g)
기타 재료
나무단추 1개

뜨는 방법

모티브 A 뜨기
퍼플색 실을 감아 원형 코를 만듭니다.
원형 코에 사슬 3코 기둥을 세우고 한길긴뜨기, 사슬뜨기, 두길긴뜨기로 1단을 뜹니다.
2단은 핑크색 실로 바꾸어 짧은뜨기, 사슬뜨기, 한길긴뜨기 3코 구슬뜨기를 뜹니다.
3단은 다크그린색 실로 바꾸어 짧은뜨기, 한길긴뜨기, 사슬뜨기, 두길긴뜨기를 뜹니다.
6개의 모티브를 뜹니다.

모티브 B 뜨기
다크그린색 실을 감아 원형 코를 만들어 사슬 3코 기둥을 세우고 한길긴뜨기와 사슬뜨기로 3단까지 뜹니다.

모티브 연결하기
완성한 모티브 A를 3개씩 한 코 감아잇기로 연결하여 앞판과 뒤판을 만듭니다.

가장자리 뜨기
모티브를 연결한 앞판과 뒤판을 그림을 참고하여 짧은뜨기로 가장자리를 뜹니다.

앞판과 뒤판 연결하기

앞판과 뒤판의 안면끼리 마주 대고 겹쳐서 입구 부분 23코를 제외하고 다크그린색 실을 돗바늘에 꿰어 한 코 감아잇기로 연결합니다.

안경집 마무리하기

모티브 B를 뒤판 입구 부분에 한 코 감아잇기로 연결하고 단추를 달아 완성합니다.

모티브 A

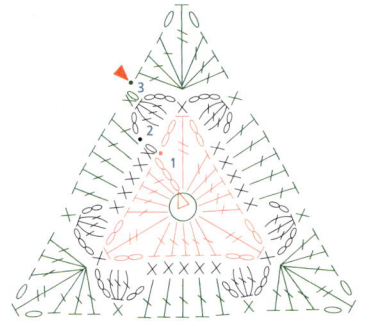

단	실 색상
3단	다크그린
2단	핑크
1단	퍼플

색상 배색표

모티브 6개를 뜹니다.

모티브 B

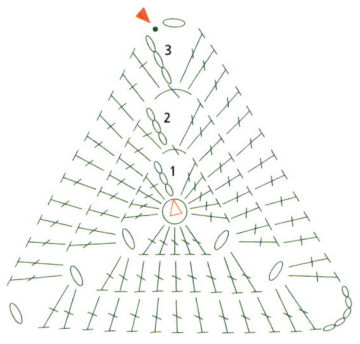

다크그린색 실로 모티브 1개를 뜹니다.

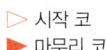
▷ 시작 코
▶ 마무리 코

모티브 연결하고 가장자리 뜨기

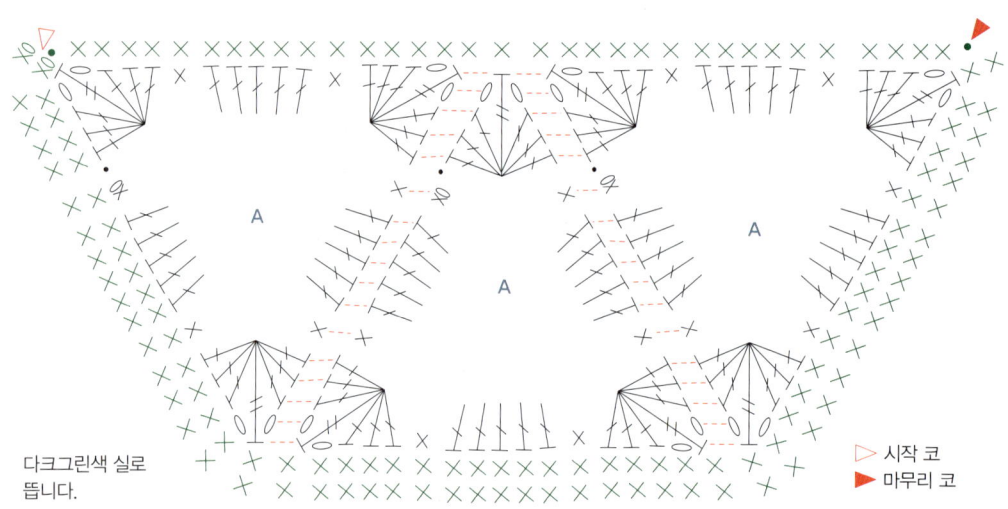

다크그린색 실로 뜹니다.

▷ 시작 코
▶ 마무리 코

앞판과 뒤판 연결하기

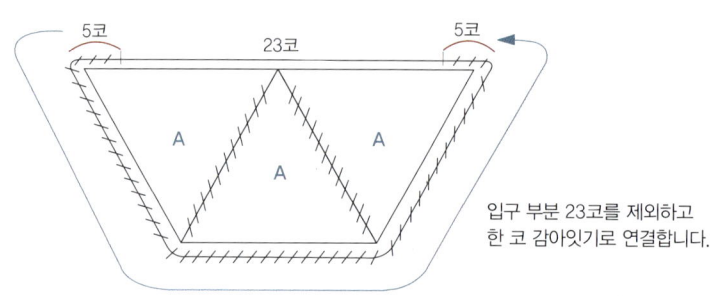

입구 부분 23코를 제외하고 한 코 감아잇기로 연결합니다.

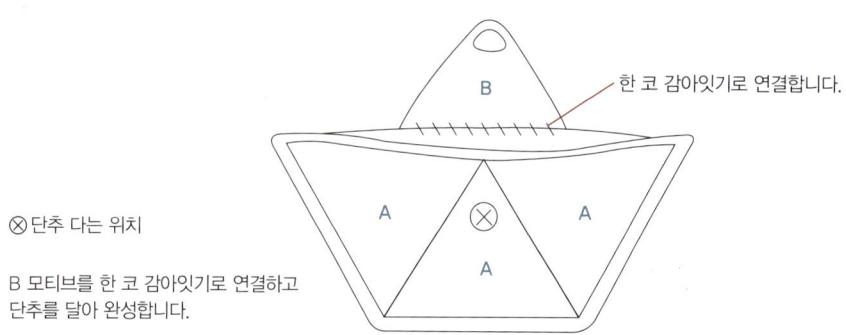

⊗ 단추 다는 위치

B 모티브를 한 코 감아잇기로 연결하고 단추를 달아 완성합니다.

한 코 감아잇기로 연결합니다.

< Pot Holder >

포트 홀더 3

레몬 빛 옐로색 위에 새하얀 꽃이 살포시 앉아 있는 펜타곤 포트 홀더.
바라보기만 해도 기분이 좋아집니다.

< How to Make >

완성 사이즈
가로 18cm, 세로 16cm 정도

준비물
사용한 바늘
모사용 코바늘 2호
사용한 실
퓨어코튼사(옐로 25g, 화이트 10g)

뜨는 방법

앞판 뜨기
옐로색 실을 감아 원형 코를 만들어 사슬 1코 기둥을 세우고 짧은뜨기 10코로 1단을 뜹니다.
사슬뜨기, 한길긴뜨기, 한길긴뜨기 2코 모아뜨기로 10단까지 뜹니다.
화이트색 실을 한길긴뜨기 코에 걸어서 짧은뜨기 1코, 한길긴뜨기 1코, 짧은뜨기 1코로 5개의 꽃잎을 뜹니다.

뒤판 뜨기
옐로색 실로 1단에서 10단까지 뜹니다.

가장자리 뜨기
앞판과 뒤판을 안면끼리 마주 대고 겹쳐서 화이트색 실로 마무리 단 1단을 뜹니다.

포트 홀더 고리 뜨기
화이트색 실로 사슬뜨기 14코 원형 코를 만듭니다.
2단은 짧은뜨기 30코를 뜹니다.
그런 다음 여유분의 실을 남겨 위치에 맞추어 감침질로 꿰매 고정시킵니다.

모티브

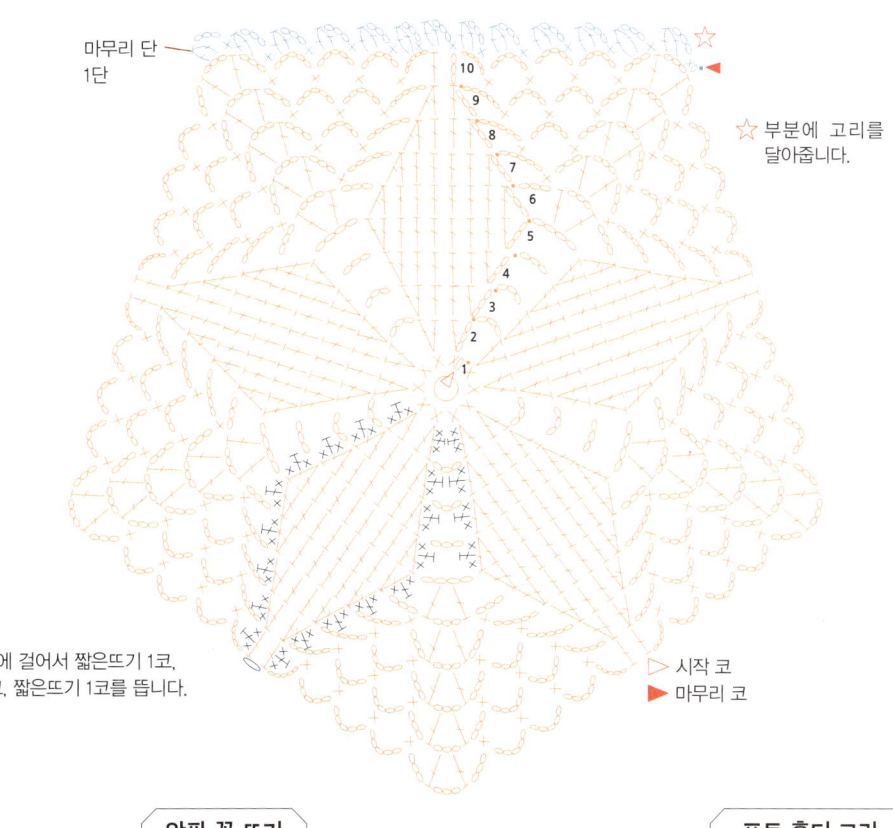

마무리 단 1단

☆ 부분에 고리를 달아줍니다.

▷ 시작 코
▶ 마무리 코

앞판 꽃 뜨기
한길긴뜨기 코에 걸어서 짧은뜨기 1코,
한길긴뜨기 1코, 짧은뜨기 1코를 뜹니다.

앞판 꽃 뜨기

1 화이트색 실을 한길긴뜨기 코에 걸어줍니다.

2 짧은뜨기 1코, 한길긴뜨기 1코, 짧은뜨기 1코를 뜹니다.

포트 홀더 고리

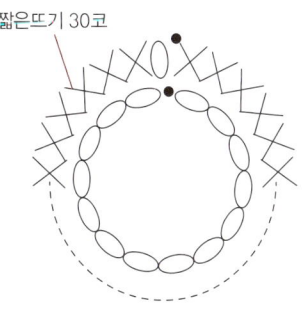

짧은뜨기 30코

화이트색 실로 뜹니다.

1 사슬뜨기 14코로 둥근 원을 만든 후 짧은뜨기 30코를 뜹니다.

2 돗바늘로 마무리하고 여유분의 실을 길게 남겨 위치에 맞추어 감침질로 꿰매줍니다.

< Cape >

케이프

여성스러운 분위기가 물씬 풍기는 포근한 케이프.
외출할 때 플라워 원피스에 멋진 칼라로 연출하면
감각적인 패션 미와 목으로 전해오는 따스함이 건강까지 챙겨줍니다.

⟨ How to Make ⟩

완성 사이즈
길이 70cm, 폭 10cm,
끈 길이 25cm 정도

준비물
사용한 바늘
모사용 코바늘 3호

사용한 실
퓨어울사 아이보리 45g

뜨는 방법

모티브 뜨기
아이보리색 실을 감아 원형 코를 만들어 사슬 1코 기둥을 세우고 짧은뜨기 10코로 1단을 뜹니다.
사슬뜨기, 두길긴뜨기 4코 구슬뜨기, 두길긴뜨기, 짧은뜨기, 한길긴뜨기, 사슬 5코 피코 빼뜨기, 두길긴뜨기 2코 구슬뜨기로 5단까지 떠서 1번 모티브를 완성합니다.

모티브 연결하기
2번 모티브의 5단째를 뜨면서 1번 모티브에 빼뜨기로 연결합니다.
같은 방법으로 7번 모티브까지 연결합니다.

케이프 끈 뜨기
1번 모티브의 시작점에 실을 걸어 사슬뜨기 70코를 뜹니다.
사슬뜨기와 두길긴뜨기 3코 구슬뜨기를 떠서 방울을 만들고 사슬뜨기 코에 빼뜨기를 합니다.
케이프 윗부분에 마무리 단 1단을 뜨고 반대쪽 끈도 같은 방법으로 떠서 완성합니다.

모티브

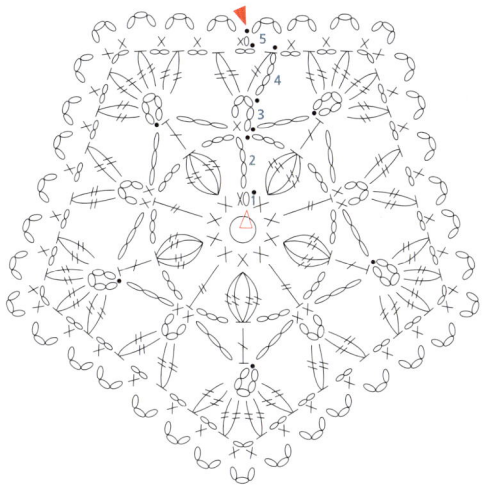

모티브 연결하고 끈 뜨기

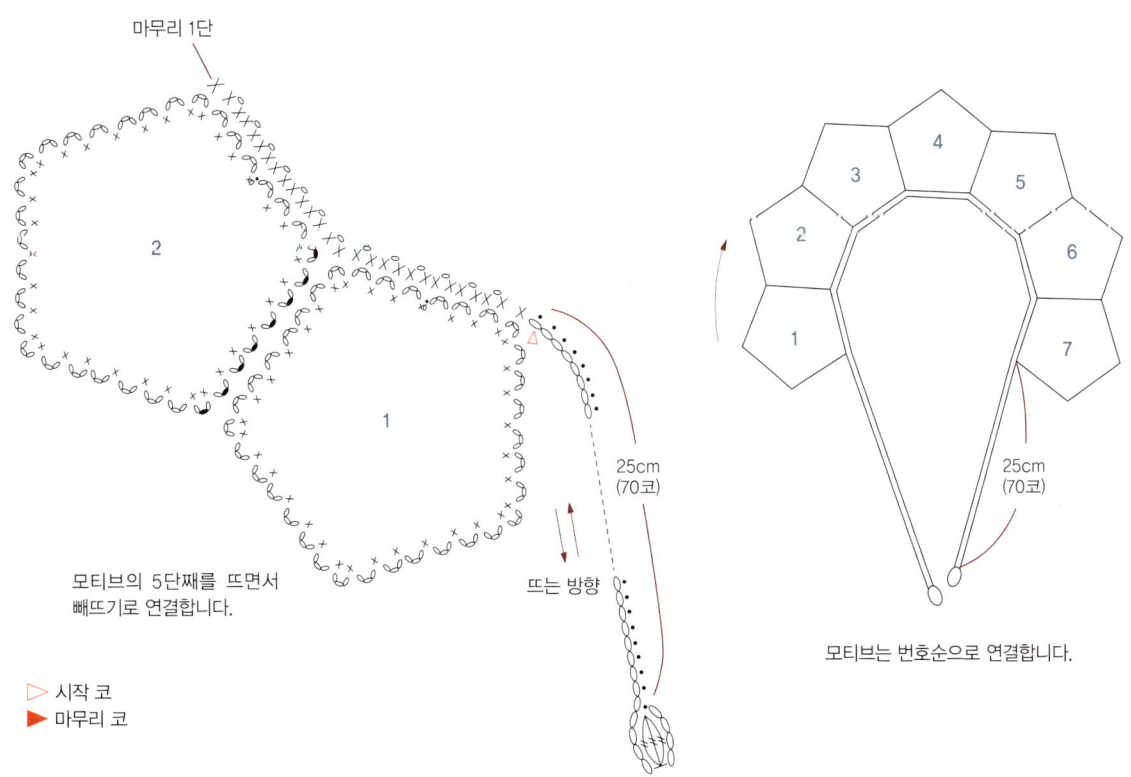

⬡ Garland ⬡

가랜드

술이 달린 펜타곤 모티브의 은은한 꽃과 작은 잎의 하모니가 멋진 가랜드.
식물이 가득한 공간에 걸어두면 자연이 주는 편안함을
함께 느낄 수 있는 감성적인 인테리어 소품입니다.

<How to Make>

완성 사이즈
폭 21cm, 길이 142cm 정도

준비물
사용한 바늘
모사용 코바늘 2호
사용한 실
퓨어면사(인디핑크 65g, 아이보리 8g)

뜨는 방법

모티브 뜨기
인디핑크색 실을 감아 원형 코를 만들어 사슬 3코 기둥을 세우고 사슬뜨기와 한길긴뜨기로 1단을 뜹니다.
사슬뜨기, 한길긴뜨기, 짧은뜨기로 9단까지 뜹니다.
7개의 모티브를 뜹니다.

가랜드 끈 뜨기
아이보리색 실을 사슬뜨기 10코로 원형 코를 만듭니다.
원형 코에 사슬 1코 기둥을 세우고 짧은뜨기 18코를 떠서 고리를 만듭니다.
사슬뜨기 30코를 뜨고 사슬뜨기, 짧은뜨기, 긴뜨기, 한길긴뜨기, 두길긴뜨기로 2개의 잎을 뜹니다.
다시 사슬뜨기 15코를 뜨고 모티브의 윗부분을 짧은뜨기로 연결합니다.
7개의 모티브를 그림을 참고하여 잎을 뜨면서 연결합니다.

태슬 만들기
그림을 참고하여 7개의 태슬을 만들어 모티브의 아랫부분에 달아 가랜드를 완성합니다.

모티브

인디핑크색 실로 모티브 7개를 뜹니다.

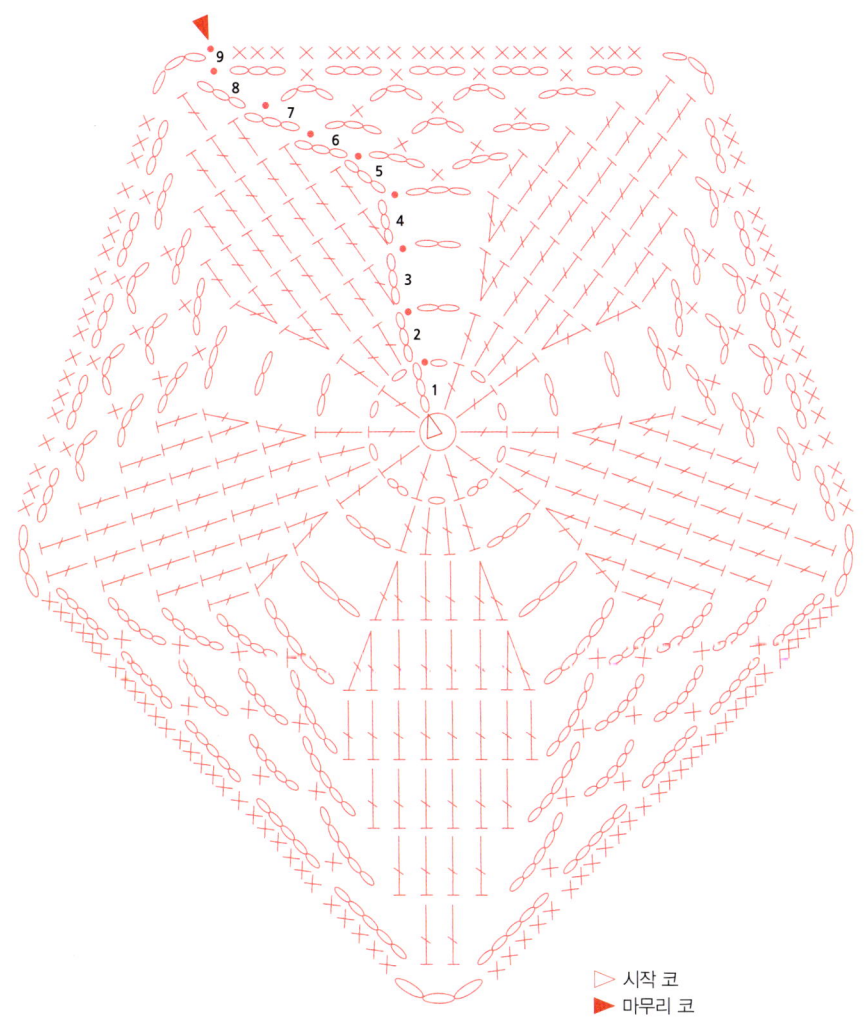

▷ 시작 코
▶ 마무리 코

모티브 연결하면서 가랜드 끈 뜨기

아이보리색 실로 뜹니다.

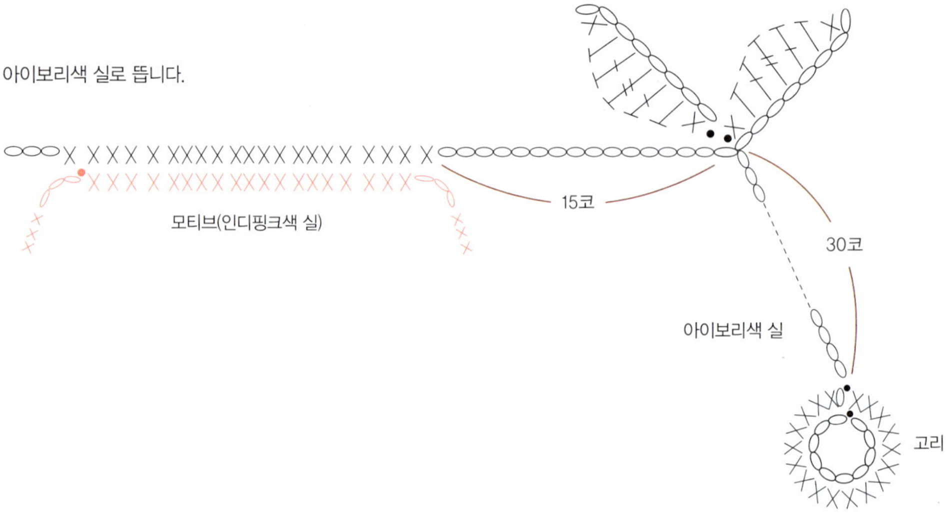

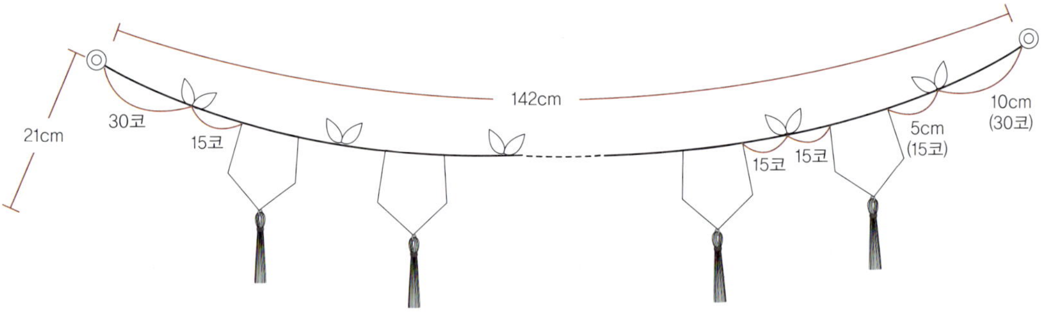

모티브(인디핑크색 실)

15코

아이보리색 실

30코

고리

21cm 30코 15코 142cm 15코 15코 10cm (30코) 5cm (15코)

태슬 만들기

태슬 7개를 만듭니다.

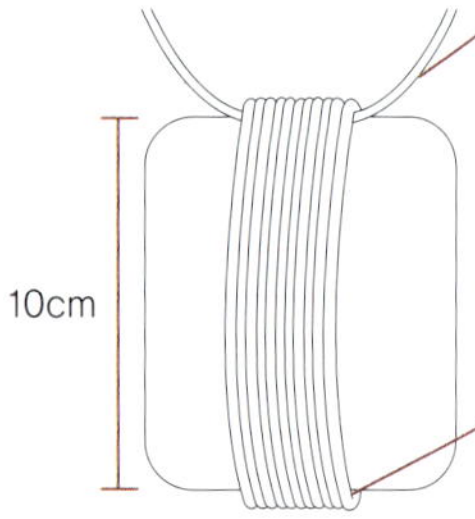

10cm

두꺼운 종이를 10cm 길이로 잘라서 그림처럼 실을 25회 정도 감아줍니다.

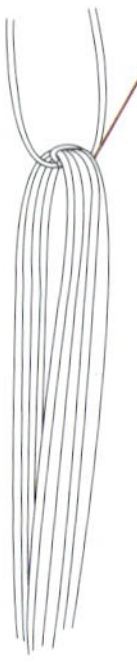

30cm 정도 길이의 실로 위에서 한 번 묶습니다.

아래 부분을 가로로 잘라줍니다.

안쪽에서 매듭을 지어 단단하게 다시 묶어줍니다.

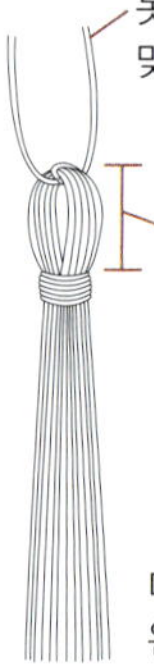

돗바늘에 실을 꿰어 위치에 맞추어 고정시킵니다.

1cm 정도 내려와서 실로 감아준 후 묶어 줍니다.

매듭이 보이지 않게 정리하여 완성합니다.

Triangle · PENTAGON Motif

Hexagon·Octagon Motif

클래식한 육각 / 팔각 모티브

< Pot Holder >

포트 홀더 4

차를 좋아하는 당신과의 시간을 향기롭게 채워줄 헥사곤 포트 홀더.
누군가에게 선물할 생각에 마음이 설렙니다.

< How to Make >

완성 사이즈
가로 14cm, 세로 16cm 정도

준비물
사용한 바늘
모사용 코바늘 2호
사용한 실
퓨어코튼사(인디핑크 5g,
딥블루그린 16g, 아이보리 5g)

뜨는 방법

앞판 뜨기
아이보리색 실을 감아 원형 코를 만들어 사슬 1코로 기둥을 세우고 짧은뜨기 6코로 1단을 뜹니다.
짧은뜨기로 3코씩 늘리면서 3단까지 뜹니다.
4단은 인디핑크색 실로 바꾸어 사슬뜨기, 짧은뜨기, 긴뜨기, 한길긴뜨기로 꽃잎 12개를 뜹니다. 딥블루그린색 실로 바꾸어 사슬뜨기, 짧은뜨기, 한길긴뜨기, 두길긴뜨기로 5단에서 7단까지 뜹니다.

뒤판 뜨기
딥블루그린색 실을 감아 원형 코를 만들어 사슬뜨기, 한길긴뜨기, 짧은뜨기로 1단에서 7단까지 뜹니다.

가장자리 뜨기
앞판과 뒤판을 안면끼리 마주 대고 겹쳐서 딥블루그린색 실로 마무리 단 1단을 뜹니다.
2단은 아이보리색 실로 바꾸어 사슬뜨기, 한길긴뜨기, 한길긴뜨기 뒤걸어뜨기로 뜹니다.

포트 홀더 고리 뜨기
아이보리색 실로 사슬뜨기 14코 원형 코를 만듭니다.
2단은 짧은뜨기 30코를 뜹니다.
그런 다음 여유분의 실을 남겨 위치에 맞추어 감침질로 꿰매 고정시킵니다.

앞판 모티브

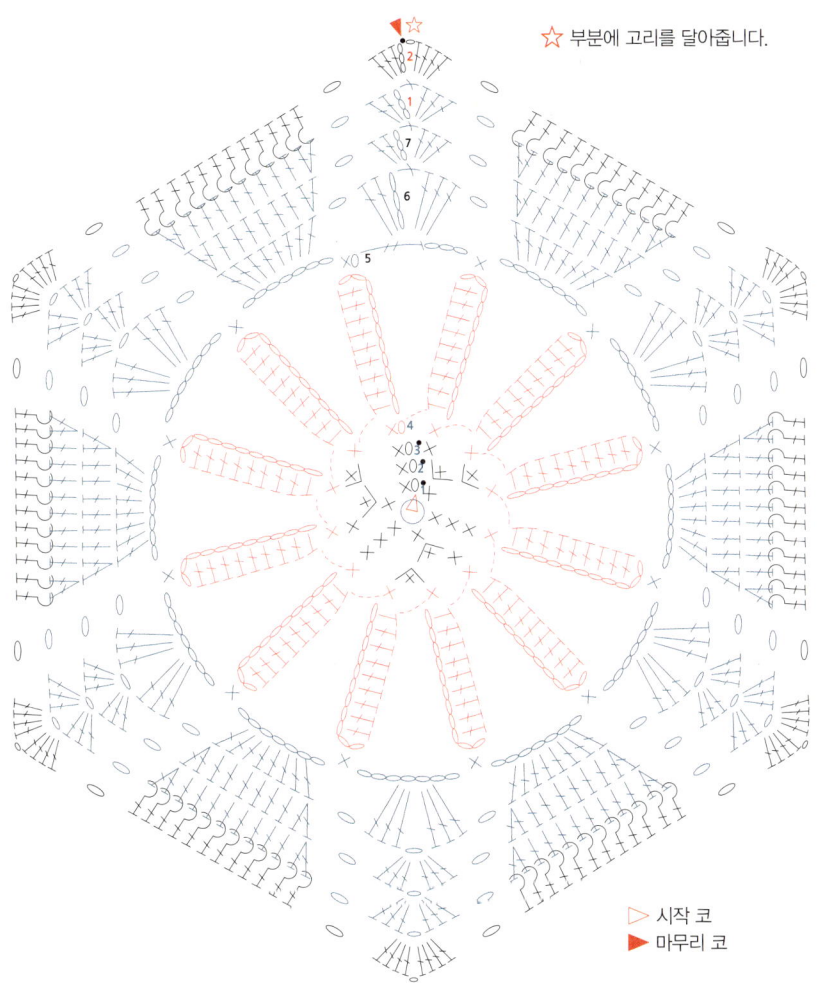

☆ 부분에 고리를 달아줍니다.

▷ 시작 코
▶ 마무리 코

색상 배색표

단	실 색상
가장자리 2단	아이보리
가장자리 1단	딥블루그린
5~7단	딥블루그린
4단	인디핑크
1~3단	아이보리

뒤판 모티브

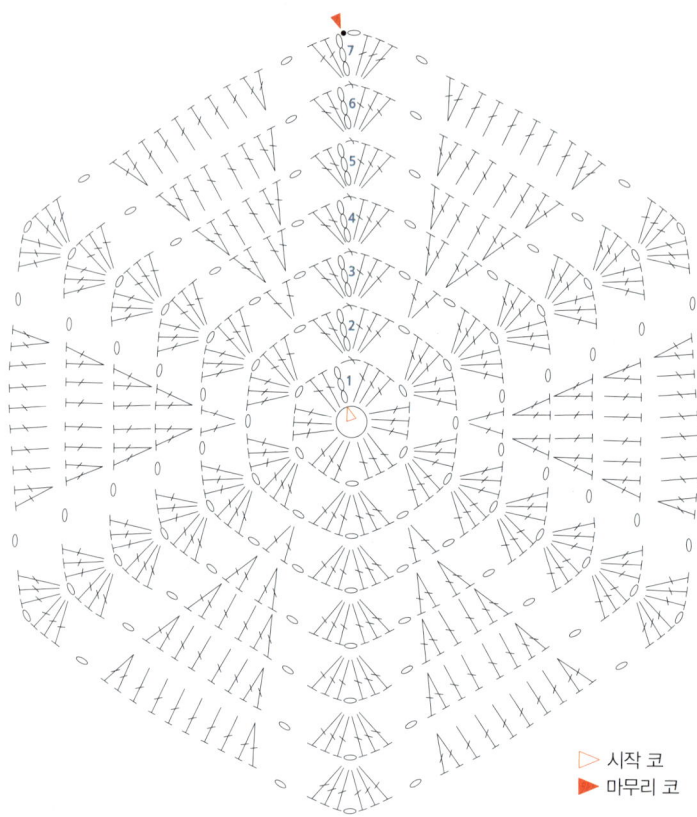

▷ 시작 코
▶ 마무리 코

딥블루그린색 실로 뜹니다.

포트 홀더 고리

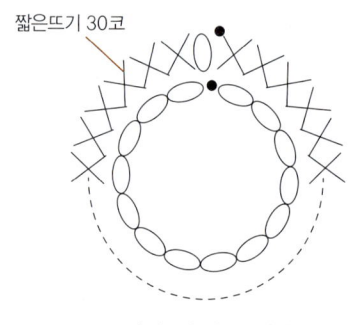

짧은뜨기 30코

화이트색 실로 뜹니다.

1 사슬뜨기 14코로 둥근 원을 만든 후 짧은뜨기 30코를 뜹니다.

2 돗바늘로 마무리하고 여유분의 실을 길게 남겨 위치에 맞추어 감침질로 꿰매줍니다.

> Pouch

수납 주머니

소중한 엽서, 잊기 쉬운 영수증, 예쁘게 말려둔 드라이플라워를
간직할 수 있는 수납 주머니.
어느 공간에 걸어두어도 사랑과 행복을 함께 간직할 수 있습니다.

How to Make

완성 사이즈
가로 18cm, 높이 18cm,
끈 길이 5cm 정도

준비물
사용한 바늘
모사용 코바늘 5호, 6호
사용한 실
램스울사(아이보리 28g,
스카이블루 10g, 블루 48g)

뜨는 방법

모티브 뜨기
스카이블루색 실을 감아 원형 코를 만들어 사슬 3코 기둥을 세우고 사슬뜨기와 한길긴뜨기로 1단을 뜹니다.
2단은 아이보리색 실로 바꾸어 사슬뜨기, 한길긴뜨기, 한길긴뜨기 뒤걸어뜨기로 뜹니다.
3단은 블루색 실로 바꾸어 사슬뜨기, 한길긴뜨기, 한길긴뜨기 뒤걸어뜨기로 뜹니다.
18개의 모티브를 뜹니다.

모티브 연결하기
그림을 참고하여 블루색 실을 돗바늘에 꿰어 한 코 감아잇기로 연결합니다.

마무리 단 뜨기
수납 주머니 아랫부분을 블루색 실로 짧은뜨기, 긴뜨기, 한길긴뜨기, 두길긴뜨기로 마무리 단 1단을 뜹니다.
마무리 단을 뜬 아래 부분을 반으로 접어 겹쳐서 한 코 감아잇기로 연결합니다.

끈 뜨기
블루색 실 2겹을 코바늘 6호로 사슬뜨기 60코를 뜹니다.
수납 주머니 윗부분에 끈을 끼어 넣고 매듭 묶기 하여 완성합니다.

모티브

모티브 18개를 뜹니다.

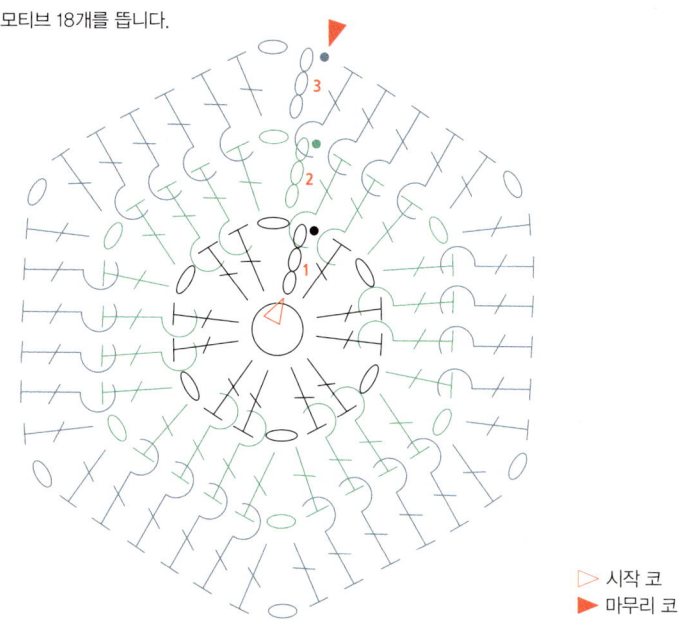

▷ 시작 코
▶ 마무리 코

색상 배색표

단	실 색상
3단	블루
2단	아이보리
1단	스카이블루

모티브 연결하기

블루색 실로 연결합니다.

한 코 감아잇기로 연결합니다
(①번 방향으로 먼저 연결하고
②번 방향으로 연결합니다).

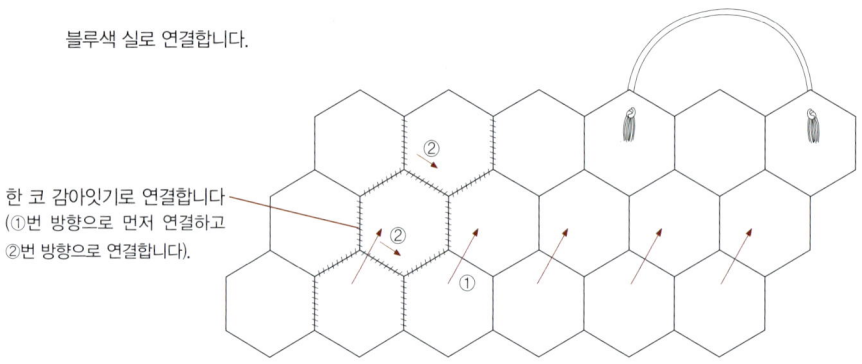

마무리 단 뜨기

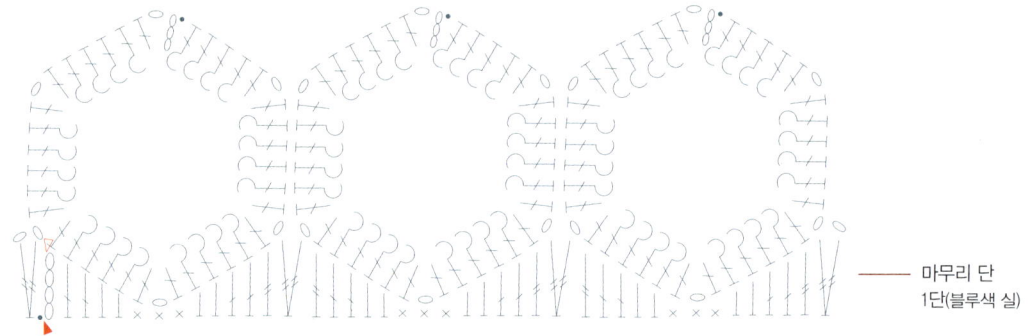

— 마무리 단
1단(블루색 실)

마무리 단 1단을 뜨고 반 접어 한 코 감아잇기로 연결합니다.

▷ 시작 코
▶ 마무리 코

끈 뜨기

블루색 실 2겹(코바늘 6호)

26cm(60코)

Pouch

헥사곤 파우치

헥사곤 모티브 디자인으로 만나는 파우치입니다.
적당한 사이즈의 파우치지만 바닥 면이 넓어 수납 공간이 넉넉합니다.
가벼운 산책길에는 이 파우치 하나면 충분하답니다.

How to Make

완성 사이즈
가로 23cm, 높이 12cm,
바닥 폭 12cm 정도

준비물
사용한 바늘
모사용 코바늘 5호
사용한 실
코튼사(아쿠아블루 40g,
배색 실 13종)
기타 재료
20cm 지퍼 1개, 안감 원단

뜨는 방법

모티브 뜨기
실을 감아 원형 코를 만들어 사슬 3코 기둥을 세우고 한길긴뜨기 11코로 1단을 뜹니다.
2단은 한길긴뜨기 4코 팝콘뜨기와 사슬뜨기로 뜹니다.
3단은 한길긴뜨기와 사슬뜨기로 뜹니다.
1단과 2단을 취향대로 배색하면서 모티브 A 13개와 모티브 B 2개를 뜹니다.

모티브 연결하기
아쿠아블루색 실을 돗바늘에 꿰어 한 코 감아잇기로 모티브의 연결 그림을 참고하여 평면 상태로 연결합니다.

짧은뜨기 1단 뜨기
양쪽 지퍼를 다는 부분에 짧은뜨기 1단을 뜹니다.

안감 넣기
평면으로 연결한 모티브의 바깥 선을 맞추어서 안감을 자릅니다. 안쪽 면에 안감의 겉면을 위로 보이게 놓고 0.5cm 정도 들어가서 감침질 또는 공그르기로 꿰맵니다.

지퍼 달기
지퍼 위치에 맞추어 홈질 또는 반박음질로 지퍼를 답니다.

바깥선 모티브 연결하기
그림처럼 같은 문양이 만나도록 한 코 감아잇기로 모두 연결하여 헥사곤 파우치를 완성합니다.

모티브 A

모티브 13개를 뜹니다.

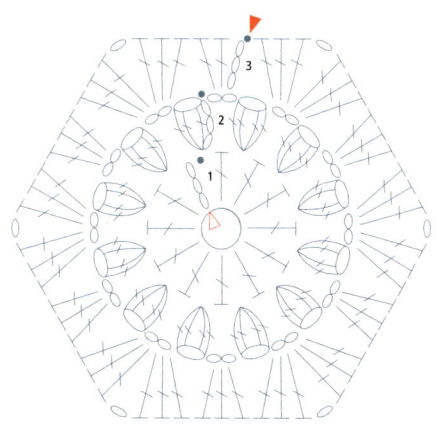

모티브 B

모티브 2개를 뜹니다.

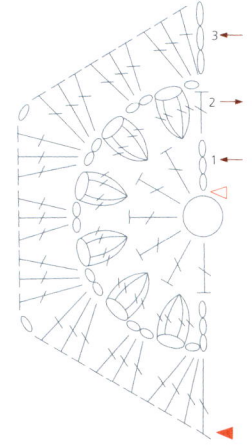

▷ 시작 코
▶ 마무리 코

모티브 연결하기

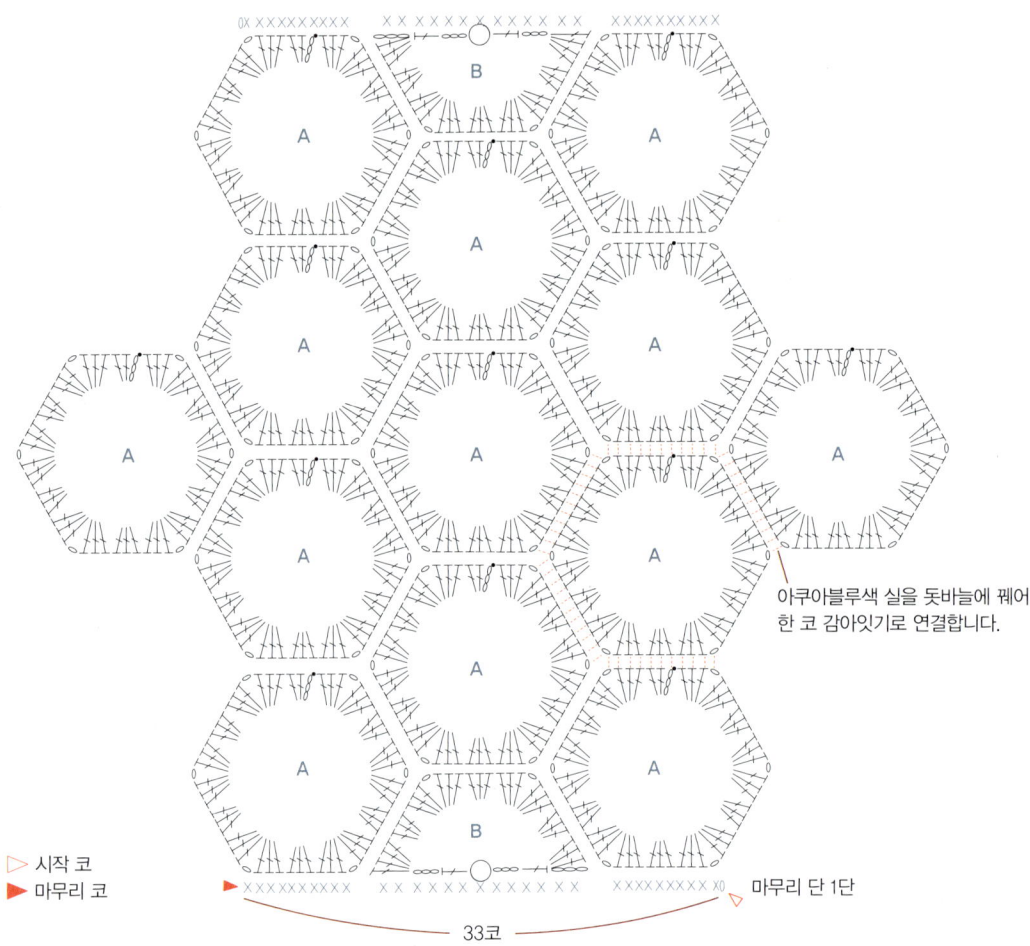

▷ 시작 코
▶ 마무리 코

33코

아쿠아블루색 실을 돗바늘에 꿰어 한 코 감아잇기로 연결합니다.

▷ 마무리 단 1단

바깥선 모티브 연결하기

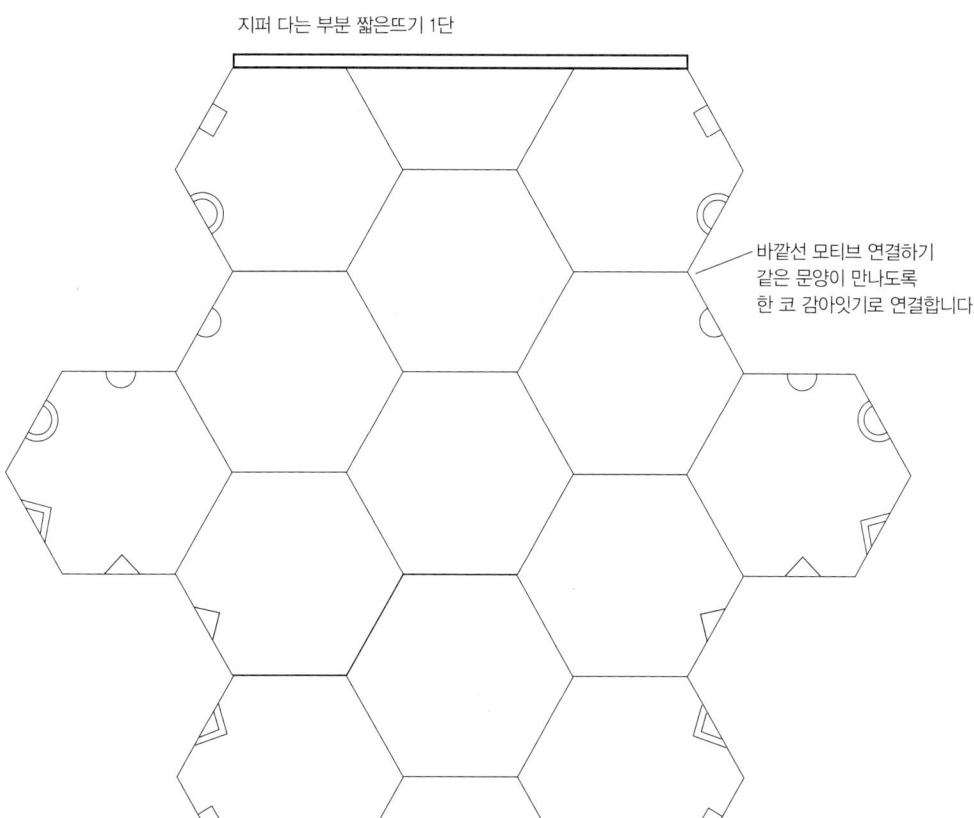

지퍼 달기

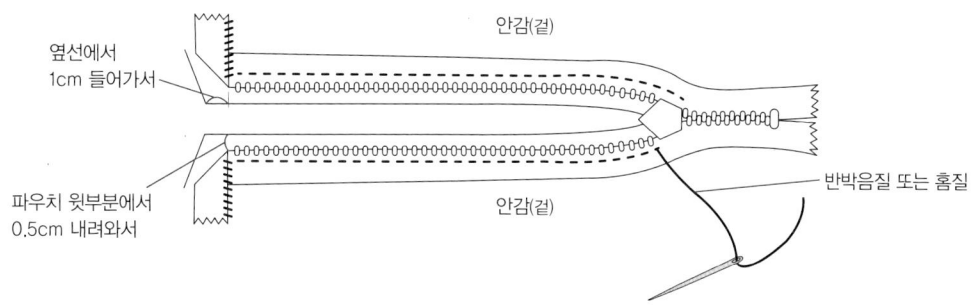

< Dreamcatcher >

드림캐처

창가에 걸어두면 살랑거리는 바람과 함께 행운이 찾아오는 드림캐처.
행복하고 좋은 꿈길을 만나게 됩니다.

How to Make

완성 사이즈
모티브 지름 12cm 정도

준비물
사용한 바늘
모사용 코바늘 3호
사용한 실
퓨어울사 브라운 3g
기타 재료
14cm 정도의 나뭇가지, 나무 링,
원석, 깃털

뜨는 방법

모티브 뜨기
브라운색 실을 사슬뜨기 12코로 원형 코를 만듭니다.
원형 코 안에 사슬 3코 기둥을 세우고 한길긴뜨기 31코로 1단을 뜹니다.
사슬뜨기, 짧은뜨기, 한길긴뜨기, 한길긴뜨기 4코 모아뜨기, 사슬 3코 피코 빼뜨기로 6단까지 뜹니다.

드림캐처 만들기
완성한 모티브 뒷면에 물로 희석한 목공용 풀을 발라 말려줍니다.
그림을 참고하여 모티브에 나뭇가지, 나무 링, 원석, 깃털을 연결하여 드림캐처를 완성합니다.

모티브

▷ 시작 코
▶ 마무리 코

드림캐처 만들기

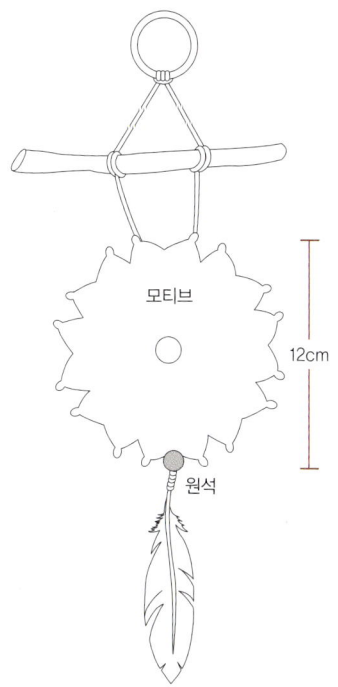

모티브

12cm

원석

Tea Light Holder

티라이트 홀더

은은한 티라이트 불빛 하나로
일상의 활력과 힐링을 불어넣을 수 있는 티라이트 홀더.
차와 함께하는 시간은 지친 마음을 달래줍니다.

⬡ How to Make ⬡

완성 사이즈
지름 14cm, 높이 1.5cm 정도

준비물
사용한 바늘
모사용 코바늘 3호
사용한 실
퓨어울사 아이보리 10g

뜨는 방법

원형 모티브 뜨기
아이보리색 실을 감아 원형 코를 만들어 사슬 1코 기둥을 세우고 짧은뜨기 8코로 1단을 뜹니다.
단마다 8코씩 늘리면서 짧은뜨기로 5단까지 뜹니다(40코).
6단은 늘림 없이 사슬코의 뒤쪽 반 코에 바늘을 넣어서 뜨는 짧은뜨기 줄기뜨기를 합니다.
7단에서 9단까지 늘림 없이 짧은뜨기를 뜹니다.

바닥 면 뜨기
원형 모티브의 6단째 반 코 남아 있는 코에 넣어서 짧은뜨기와 사슬뜨기로 1단을 뜹니다.
사슬뜨기, 두길긴뜨기 4코 모아뜨기, 짧은뜨기, 사슬 4코 피코 빼뜨기, 한길긴뜨기, 두길긴뜨기로 5단까지 떠서 티라이트 홀더를 완성합니다.

원형 모티브

× 짧은뜨기 줄기뜨기
사슬코의 뒤쪽 반 코에
바늘을 넣어 짧은뜨기를 합니다.

콧수와 코 늘리기

단	콧수	코 늘리기
6~9단	40코	
5단	40코	+8코
4단	32코	+8코
3단	24코	+8코
2단	16코	+8코
1단	8코	

바닥 면 뜨기

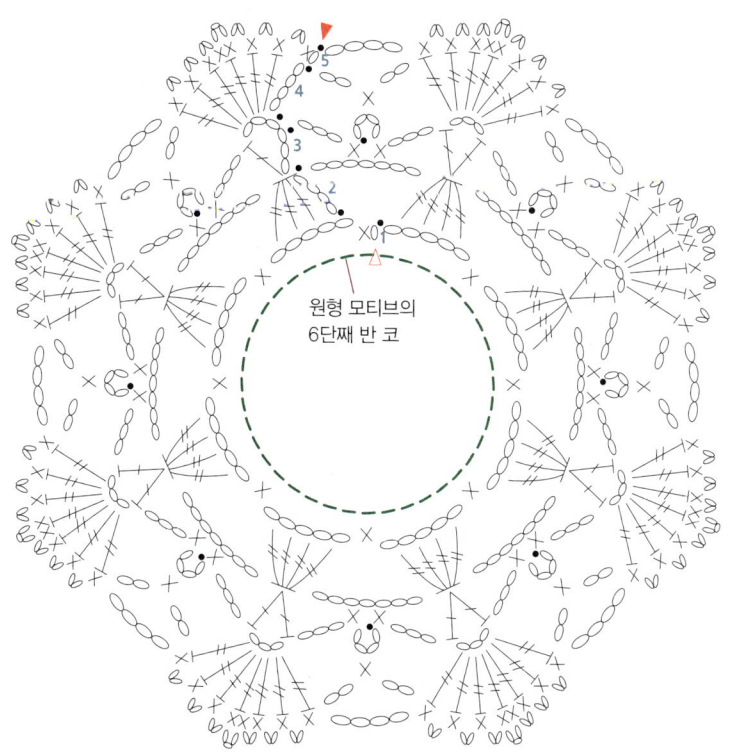

원형 모티브의
6단째 반 코

▷ 시작 코
▶ 마무리 코

Tote Bag

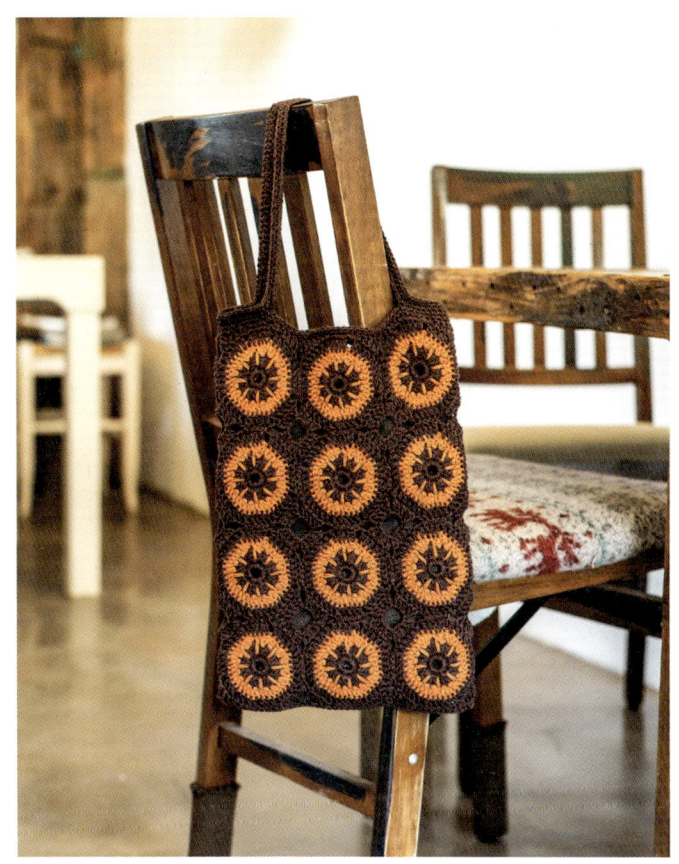

옥타곤 토트백

클래식한 모티브로 디자인한 옥타곤 토트백.
따뜻한 커피와 좋아하는 책을 챙겨 공원 나들이로 여유로움을 즐겨보세요.

How to Make

완성 사이즈
가로 24.5cm, 세로 35cm,
손잡이 높이 17cm 정도

준비물
사용한 바늘
모사용 코바늘 5호
사용한 실
린넨사(다크브라운 190g,
오렌지브라운 60g)

뜨는 방법

모티브 뜨기
다크브라운색 실을 감아 원형 코를 만들어 사슬 1코 기둥을 세우고 짧은뜨기 24코로 1단을 뜹니다.
사슬뜨기와 한길긴뜨기로 2단을 뜹니다.
3단은 오렌지브라운색 실로 바꾸어 한길긴뜨기와 1단째의 짧은뜨기 코에 길게 한길긴뜨기를 뜹니다.
4단은 다크브라운색 실로 바꾸어 한길긴뜨기와 사슬뜨기를 뜹니다.
24개의 모티브를 뜹니다.

모티브 연결하기
그림을 참고하여 모티브의 한길긴뜨기 5코 부분을 다크브라운색 실을 돗바늘에 꿰어 한 코 감아잇기로 연결합니다.

마름모 부분 뜨기
마름모 부분 도안을 참고하여 다크브라운색 실로 한길긴뜨기와 한길긴뜨기 2코 모아뜨기를 뜹니다.

가방 바닥 부분 뜨기
다크브라운색 실로 마무리 단 1단과 2단을 뜹니다.
2단은 앞판과 뒤판을 안면끼리 마주 대고 겹쳐서 겉면에서 짧은뜨기로 뜹니다.

가방 입구 부분과 손잡이 뜨기
다크브라운색 실로 손잡이 부분(80코)을 뜨면서 마무리 단 5단을 뜹니다.

모티브

모티브 24개를 뜹니다.

4
3
2
1

색상 배색표

단	실 색상
4단	다크브라운
3단	오렌지브라운
1~2단	다크브라운

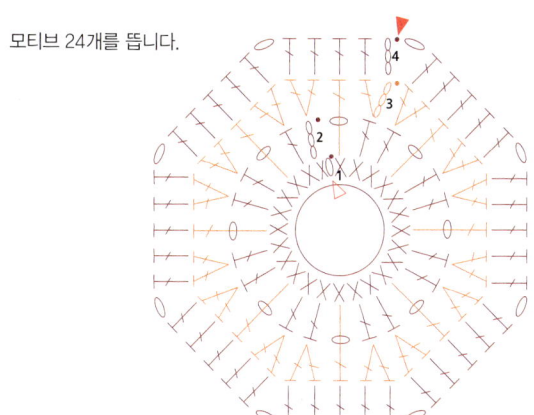

모티브 연결하면서 마무리하기

다크브라운색
실로 뜹니다.

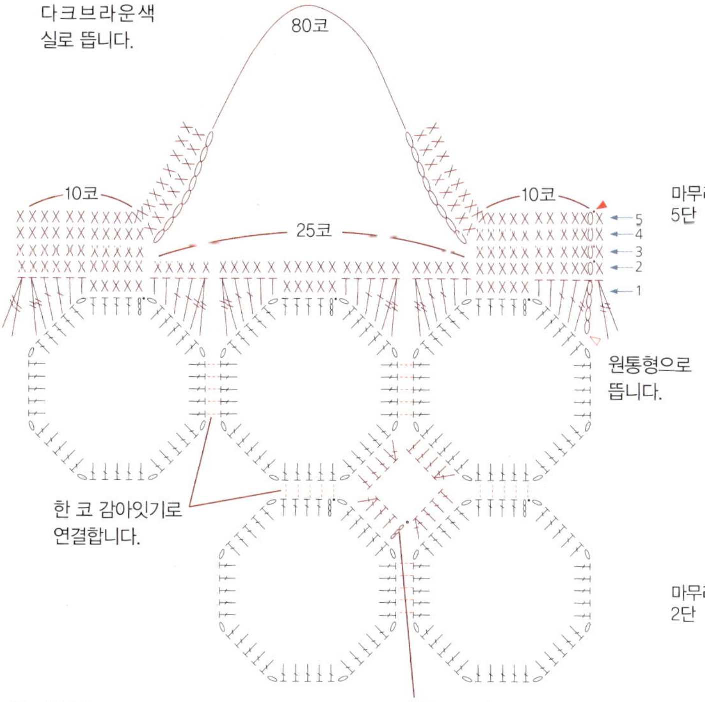

80코
10코
10코
25코
5
4
3
2
1
원통형으로
뜹니다.
한 코 감아잇기로
연결합니다.
마름모 도안

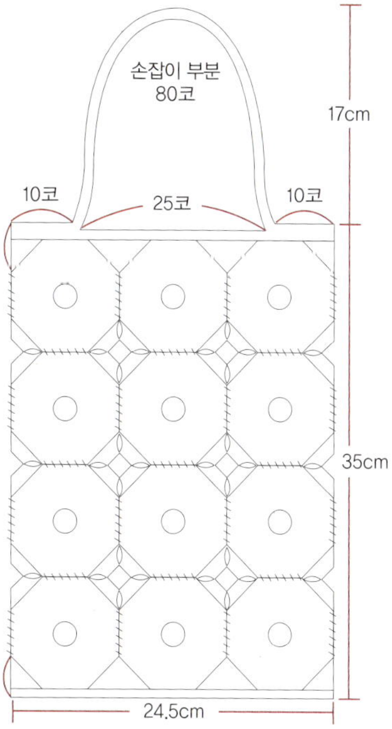

손잡이 부분
80코
17cm
10코
25코
10코
마무리 단
5단
35cm
마무리 단
2단
24.5cm

▷ 시작 코
▶ 마무리 코

2단째 짧은뜨기는 앞판과 뒤판을
겹쳐서 뜹니다.

Flower motif

스위티한 꽃 모티브

Key Ring

키홀더

소중한 열쇠에게 꼭 필요한 부드러운 촉감의 키홀더.
손 안에 쏙 들어오는 사이즈의 꽃이어서 들고 다니기에 편하답니다.

How to Make

완성 사이즈
가로 11cm, 높이 15cm 정도

준비물
사용한 바늘
모사용 코바늘 5호, 6호
사용한 실
코튼사(레드 12g, 아이보리 9g,
라이트그린 3g, 그린 2g)
기타 재료
나무링, 키링

뜨는 방법

원형 모티브 뜨기
레드색 실을 감아 원형 코를 만들어 사슬 1코 기둥을 세우고 짧은뜨기 8코로 1단을 뜹니다.
단마다 8코씩 늘리면서 7단까지 뜹니다(56코).
8단은 늘림 없이 뜹니다.
앞판과 뒤판 2개를 뜹니다.

꽃 뜨기
아이보리색 실을 감아 원형 코를 만들어 사슬 1코 기둥을 세우고 사슬뜨기 5코와 짧은뜨기로 1단을 뜹니다.
사슬뜨기, 짧은뜨기, 한길긴뜨기로 입체 꽃 9단을 뜹니다.

잎 뜨기
시작 코 사슬뜨기 10코를 뜹니다. 사슬뜨기, 짧은뜨기, 긴뜨기, 한길긴뜨기, 두길긴뜨기로 잎을 뜹니다.
라이트그린색 2개와 그린색 1개를 뜹니다.

앞판에 꽃과 잎 고정하기
완성한 꽃과 잎을 위치에 맞추어 꿰매 고정합니다.

앞판과 뒤판 연결하기
완성 그림을 참고하여 앞판과 뒤판의 안쪽 면을 마주 대고 겹쳐서 겉면에서 한 코 감아잇기로 연결합니다.

나무링과 키링 연결하기

레드색 실 2겹을 코바늘 6호로 사슬뜨기 83코를 떠서 나무링과 키링을 연결합니다.

원형 모티브

레드색 2개를 뜹니다.

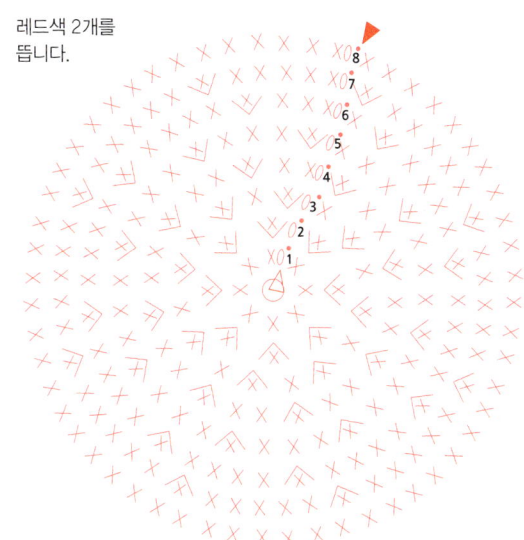

콧수와 코 늘리기

단	콧수	코 늘리기
8단	56코	
7단	56코	+8코
6단	48코	+8코
5단	40코	+8코
4단	32코	+8코
3단	24코	+8코
2단	16코	+8코
1단	8코	

꽃 모티브

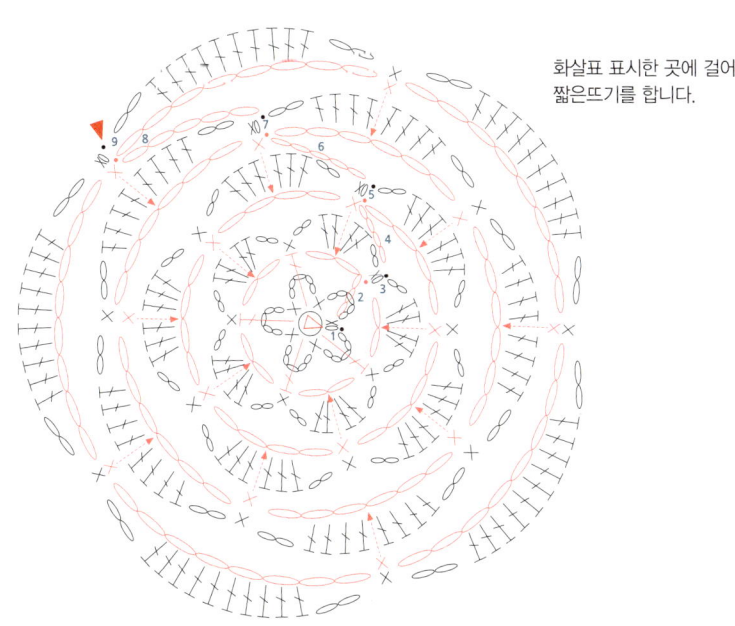

화살표 표시한 곳에 걸어서 짧은뜨기를 합니다.

▷ 시작 코
▶ 마무리 코

잎 모티브

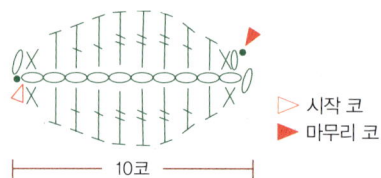

라이트그린색 2개와 그린색 1개를 뜹니다.

나무링과 키링 연결하기

2겹(코바늘 6호)

38cm(83코)

레드색 실 2겹으로 뜹니다.

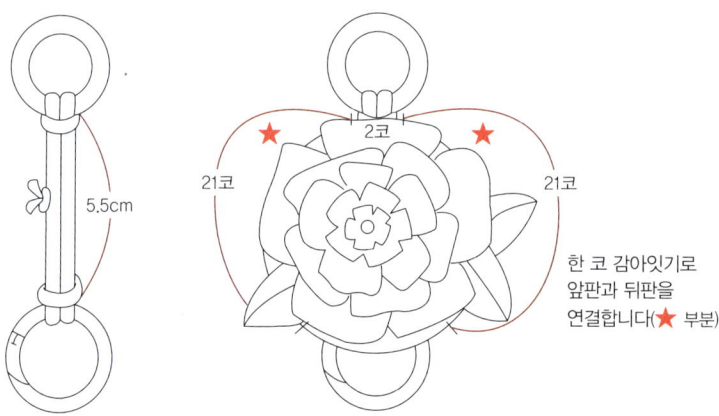

한 코 감아잇기로
앞판과 뒤판을
연결합니다(★ 부분).

Basket

잼 바구니

향긋하고 달콤함이 가득한 잼을 더 맛있게 만들어주는 화려한 잼 바구니.
달콤한 내음이 물씬 풍겨 마음까지 풍요로워집니다.

How to Make

완성 사이즈
가로 17cm, 높이 8cm,
폭 9cm 정도

준비물
사용한 바늘
모사용 코바늘 5호
사용한 실
비스코스사 베이지 60g,
코튼사(인디핑크 4g, 레드 7g,
화이트 3g, 블루 3g,
라이트그린 7g, 그린 5g)
기타 재료
글루건

뜨는 방법

바닥 면과 옆면 뜨기
바닥 면은 베이지색 실로 시작 코 사슬뜨기 36코를 뜨고 짧은뜨기로 18단을 뜹니다.
옆면은 바닥 면 양쪽 옆면에서 18코씩 잡아 모두 108코를 뜹니다.
17단까지 짧은뜨기로 옆면을 뜹니다.

손잡이 부분 뜨기
앞면 중앙에서 16코를 짧은뜨기로 14단을 뜹니다.
반대쪽도 같은 방법으로 뜬 후 겉면끼리 마주 대고 안쪽 면에서 짧은뜨기로 연결합니다.

꽃 뜨기
인디핑크색 실을 감아 원형 코를 만들어 사슬 1코 기둥을 세우고 짧은뜨기 10코로 1단을 뜹니다.
2단은 짧은뜨기와 사슬뜨기로 뜹니다.
3단은 사슬뜨기, 짧은뜨기, 긴뜨기, 한길긴뜨기로 5개의 꽃잎을 뜹니다.
레드색 실로 바꾸어 4단에서 6단까지 뜨면서 5개의 큰 꽃잎을 만듭니다.

작은 꽃 뜨기
실을 감아 원형 코를 만들어 사슬 1코 기둥을 세우고 짧은뜨기, 사슬뜨기, 두길긴뜨기로 4개의 꽃잎을 뜹니다.
아이보리색 4개와 블루색 2개를 뜹니다.

잎 뜨기

시작 코 사슬뜨기 10코를 뜹니다. 사슬 1코 기둥을 세우고 짧은뜨기, 긴뜨기, 한길긴뜨기로 잎을 뜹니다.
라이트그린색 6개와 그린색 4개를 뜹니다.

바구니에 꽃과 잎 고정하기

바구니 손잡이 부분에 큰 꽃, 작은 꽃, 잎의 위치를 잡아 글루건으로 단단하게 고정합니다.

바닥 면과 옆면 뜨기

비스코스사 베이지색 실로 뜹니다.

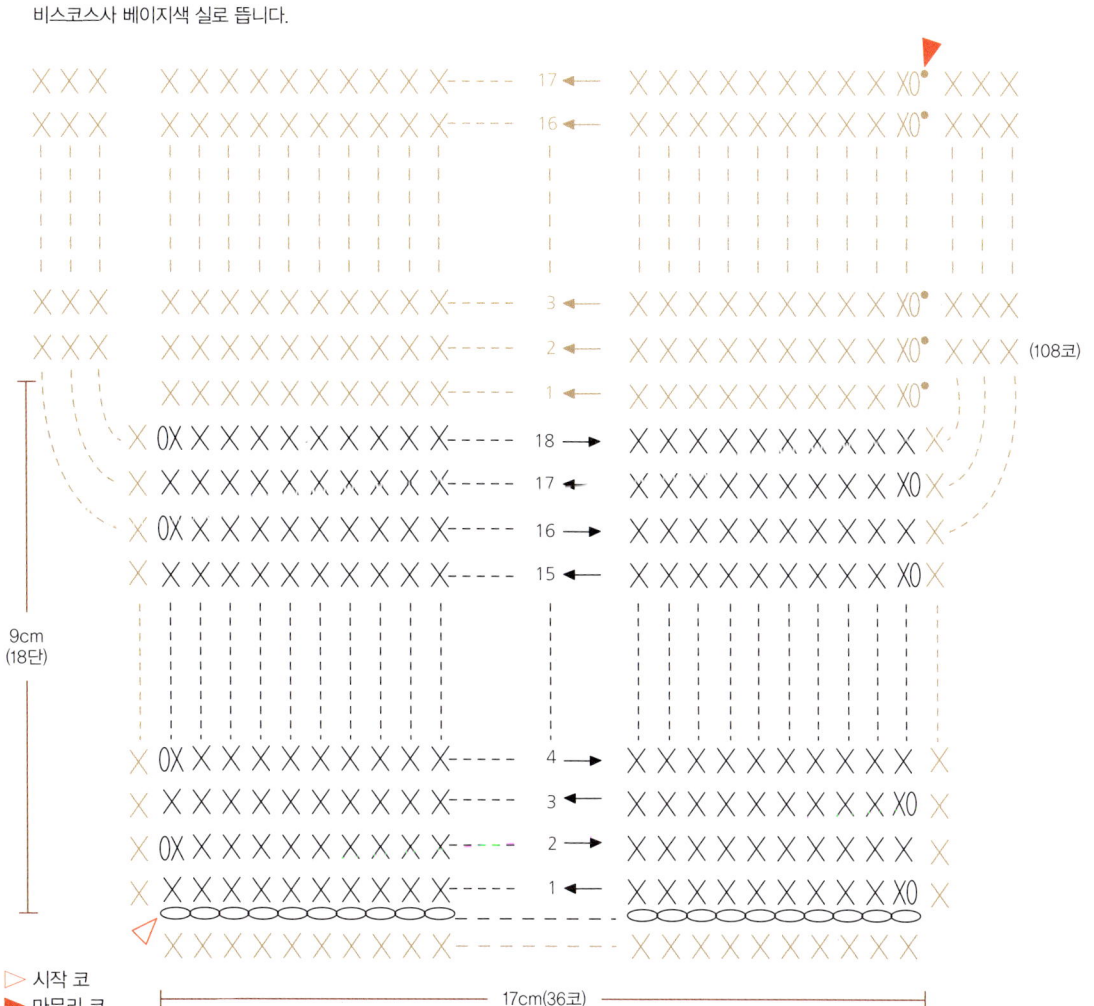

▷ 시작 코
▶ 마무리 코

손잡이 부분 뜨기

비스코스사 베이지색 실로 뜹니다.

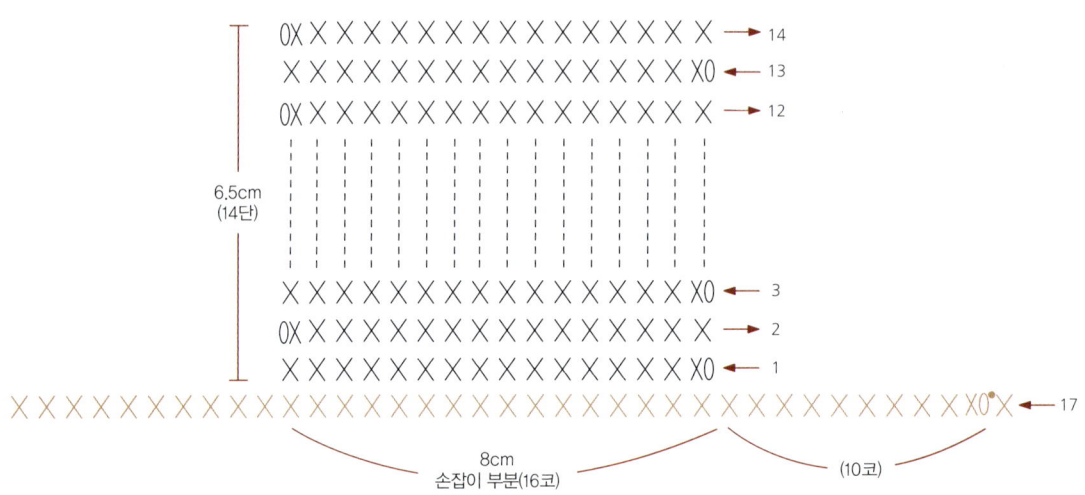

반대쪽도 같은 방법으로 뜬 후 겉면끼리 마주 대고
안쪽 면에서 짧은뜨기로 연결합니다.

큰 꽃 모티브

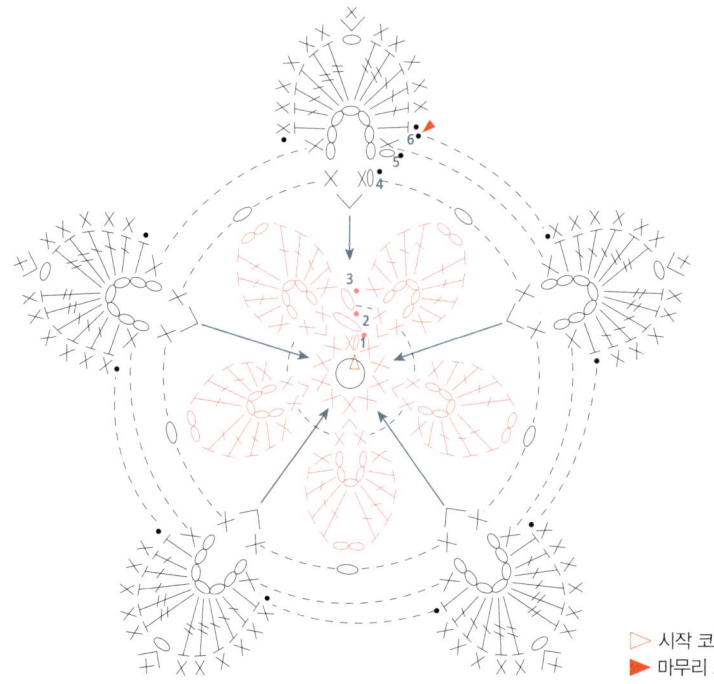

꽃 모티브 색상 배색표

단	실 색상
4~6단	레드
1~3단	인디핑크

▷ 시작 코
▶ 마무리 코

작은 꽃 모티브

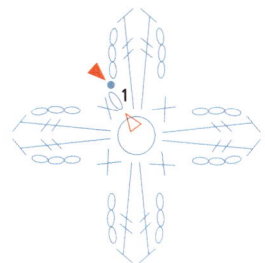

아이보리색 4개와 블루색 2개를 뜹니다.

▷ 시작 코
▶ 마무리 코

잎 모티브

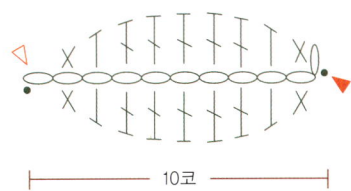

라이트그린색 6개와 그린색 4개를 뜹니다.

바구니 손잡이 부분에 꽃과 잎 고정하기

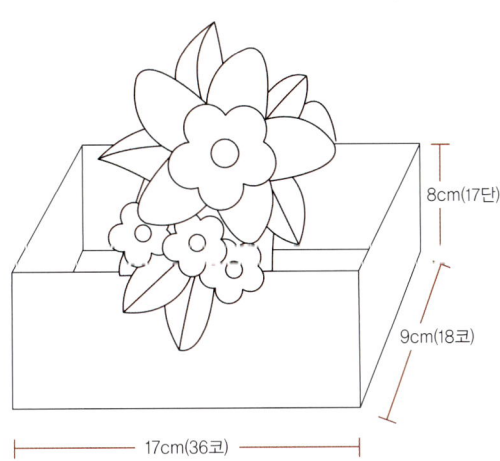

손잡이 부분에 꽃과 잎의 위치를 잡아
글루건으로 단단하게 고정합니다.

< Decoration Tie >

장식 걸이

따사로운 햇살을 가리는 커튼에 느슨하게 걸기만 해도
부드러운 향이 전해지는 장식 걸이.
늘 들고 다니는 가방이나 소품 바구니에 걸어도 멋스러움이 느껴집니다.

How to Make

완성 사이즈
가로 11cm, 높이 15cm 정도

준비물
사용한 바늘
모사용 코바늘 5호
사용한 실
모헤어사 아이보리 7g,
코튼사 라이트그린 7g

뜨는 방법

큰 꽃 뜨기
모헤어사 아이보리색 실을 감아 원형 코를 만들어 사슬 4코 기둥을 세우고 사슬뜨기와 두길긴뜨기로 1단을 뜹니다.
2단은 번호순으로 두길긴뜨기 10코씩을 14번까지 뜹니다.
3단은 짧은뜨기와 사슬뜨기 2코로 뜹니다.
마무리 코 후 여유분의 실을 남깁니다.

작은 꽃 뜨기
모헤어사 아이보리색 실을 감아 원형 코를 만들어 짧은뜨기, 사슬뜨기, 두길긴뜨기로 뜹니다.
작은 꽃 3개를 뜹니다.
마무리 코 후 여유분의 실을 남깁니다.

잎 뜨기
라이트그린색 실을 사슬뜨기 70코 뜨고 큰 잎 3개를 뜹니다.
사슬뜨기 코에 빼뜨기를 한 다음 작은 잎 2개를 뜹니다.

꽃 달기
여유분의 실을 바늘에 꿰어 큰 잎에 큰 꽃을 고정하고, 작은 잎에 작은 꽃 3개를 고정하여 장식 걸이를 완성합니다.

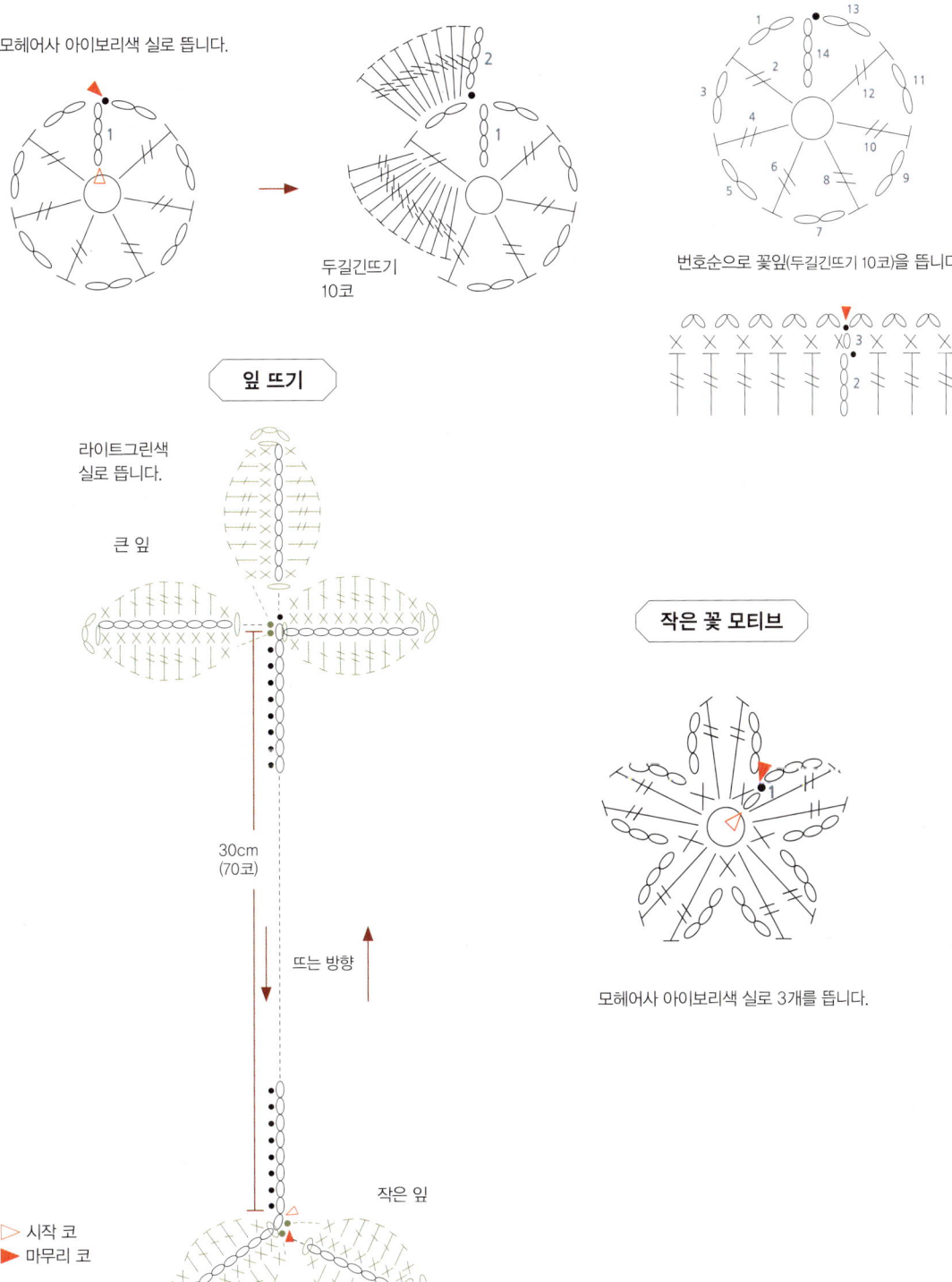

Magnet

플라워 마그넷

건강을 챙기는 나만의 요리 레시피를 차곡차곡 쌓아봅니다.
산뜻한 플라워 마그넷에 붙여 나만의 비법을 살짝 소개해볼게요.

How to Make

완성 사이즈
지름 10cm 정도

준비물
사용한 바늘
모사용 코바늘 3호
사용한 실
퓨어울사(아이보리 2g, 옐로 7g, 다크그린 7g)
기타 재료
마그넷, S자 고리

뜨는 방법
뒤판 뜨기
다크그린색 실을 감아 원형 코를 만들어 사슬 1코 기둥을 세우고 짧은뜨기 6코로 1단을 뜹니다.
단마다 6코씩 늘리면서 6단까지 뜹니다(36코).
7단은 늘림 없이 짧은뜨기로 뜹니다.
8단은 사슬뜨기 7코를 뜨고 사슬 1코로 기둥을 세운 후 짧은뜨기, 긴뜨기, 한길긴뜨기, 빼뜨기로 잎을 뜹니다.
18개의 잎을 뜹니다.

꽃 뜨기
옐로색 실을 감아 원형 코를 만들어 사슬 1코 기둥을 세우고 짧은뜨기 6코를 뜹니다.
2단은 사슬코의 뒤쪽 반 코에 바늘을 넣어서 뜨는 짧은뜨기 줄기뜨기로 1코에 2코씩 6코를 늘리면서 뜹니다.
3단은 사슬뜨기, 두길긴뜨기, 빼뜨기로 꽃잎 12개를 뜹니다.
3개의 꽃을 뜹니다.

안쪽 작은 꽃 뜨기
2단째의 반 코 남아 있는 코에 아이보리색 실을 걸어 사슬뜨기로 꽃잎 6개를 뜹니다.

뒤판에 꽃 고정하기
글루건을 이용하여 꽃 위치에 맞추어 고정합니다.
뒷면에 마그넷을 붙이거나 S자 고리를 고정하여 완성합니다.

뒤판 뜨기

다크그린색 실로 뜹니다.

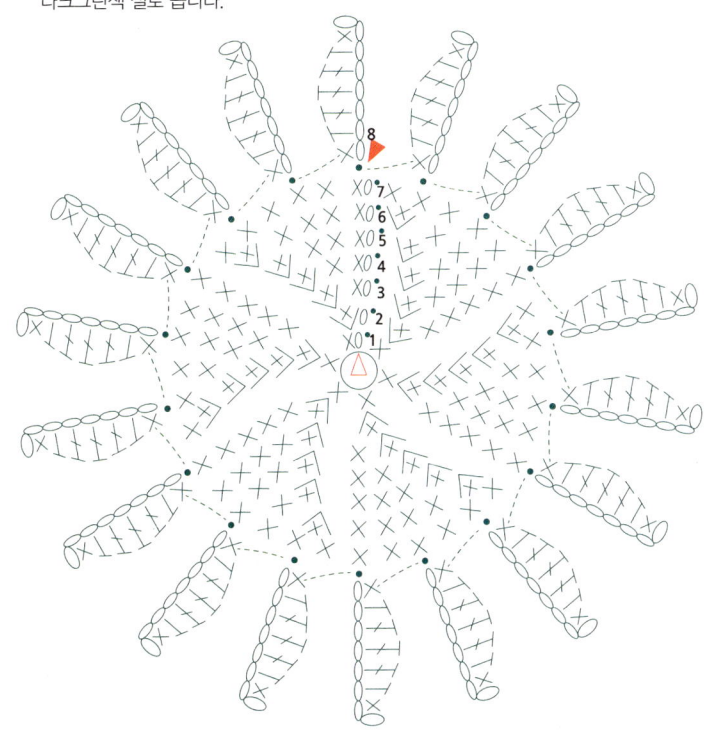

콧수와 코 늘리기

단	콧수	코 늘리기
7단	36코	
6단	36코	+6코
5단	30코	+6코
4단	24코	+6코
3단	18코	+6코
2단	12코	+6코
1단	6코	

꽃 모티브

옐로색 실로 뜹니다.

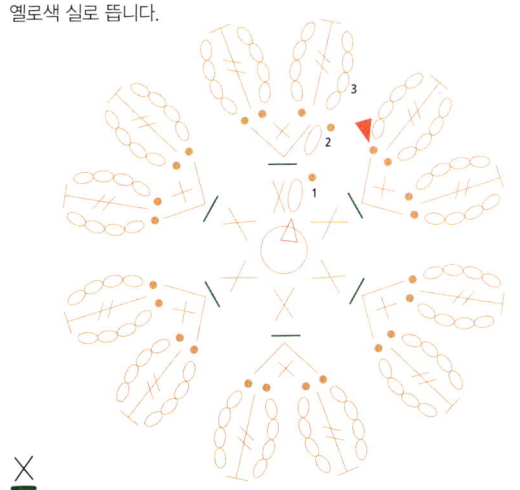

안쪽 삭은 꽃 뜨기

아이보리색 실로 뜹니다.

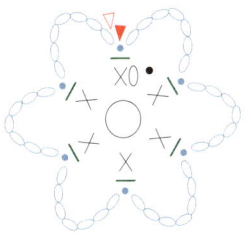

— 꽃 모티브의 2단째 반 코

✕
짧은뜨기 줄기뜨기
사슬코의 뒤쪽 반 코에 바늘을 넣어 짧은뜨기 합니다.

▷ 시작 코
▶ 마무리 코

Wreath

꽃향기 리스

다채로운 향이 가득한 꽃과 잎이 어우러진 꽃향기 리스.
집 안에 걸어두고 사랑의 마음과 희망을 전하는 건 어떨까요?

<　How to Make　>

완성 사이즈
지름 25cm 정도

준비물
사용한 바늘
모사용 코바늘 3호, 5호
사용한 실
퓨어울사(아이보리 25g,
인디핑크 7g, 스카이블루 7g,
라이트바이올렛 7g),
램스울사 다크그린 20g
기타 재료
지름 25cm 나무 리스

뜨는 방법

꽃 뜨기
색상 배색표를 참고하여 코바늘 3호로 실을 감아 원형 코를 만듭니다.
원형 코 안에 사슬 1코 기둥을 세우고 사슬뜨기와 짧은뜨기로 1단을 뜹니다.
2단은 사슬뜨기와 원형 코 안에 한길긴뜨기를 길게 뜹니다.
실을 바꾸어 짧은뜨기, 긴뜨기, 한길긴뜨기, 사슬뜨기로 꽃잎을 만들면서 3단과 4단을 뜹니다.
18개의 꽃 모티브를 뜹니다.

잎 뜨기
다크그린색 실을 코바늘 5호로 사슬뜨기 9코를 뜹니다.
사슬뜨기 4코를 뜨고 첫 번째 사슬코에 한길긴뜨기, 두길긴뜨기를 뜹니다.
두길긴뜨기 코에 사슬 1코 피코 빼뜨기를 뜨고 사슬뜨기 3코를 첫 번째 사슬코에 빼뜨기를 하여 잎을 만듭니다.
같은 방법으로 80cm 뜨고 다시 돌아오면서 사슬뜨기 중간 코에 잎을 뜹니다.

리스 틀에 꽃과 잎 고정하기
리스 틀에 잎줄기를 감아서 고정하고 꽃 위치를 맞추어 글루건으로 단단하게 고정합니다.

꽃 모티브

18개의 꽃 모티브를 뜹니다.

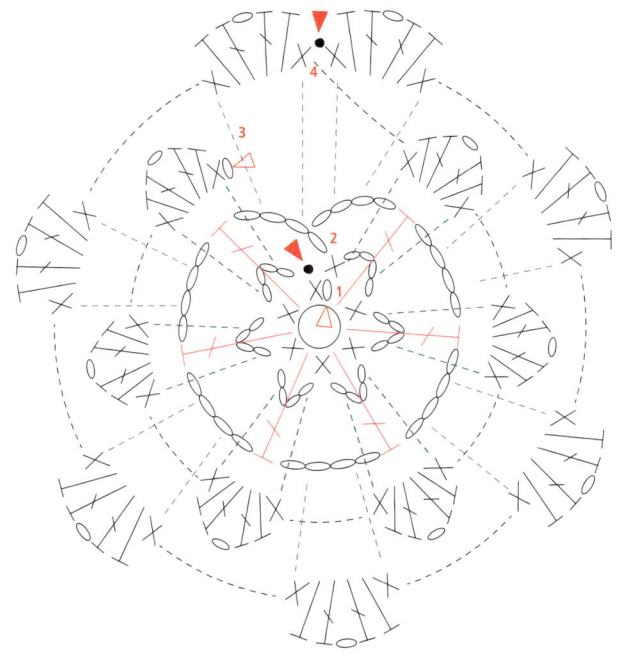

꽃 모티브 색상 배색 및 개수

1단, 2단	3단, 4단	개수
아이보리	인디핑크	3개
인디핑크	아이보리	3개
아이보리	스카이블루	3개
스카이블루	아이보리	3개
아이보리	라이트바이올렛	3개
라이트바이올렛	아이보리	3개

잎 뜨기

다크그린색 실로 뜹니다.

80cm, 9코

▷ 시작 코
▶ 마무리 코

Tea Cozy

로제 티 코지

향긋한 차를 오래도록 더 깊게 느끼게 하는 로제 티 코지.
사랑하는 가족과 함께하는 시간이 더 따스하고 즐거워집니다.

⟨ How to Make ⟩

완성 사이즈

가로 21cm, 세로 15cm 정도

준비물

사용한 바늘

모사용 코바늘 6호

사용한 실

램스울사(다크바이올렛 54g,

옐로 15g, 머스터드 15g, 그린 9g)

기타 재료

티포트

뜨는 방법

보디 부분 뜨기

다크바이올렛 실로 시작 코 사슬뜨기 37코를 뜹니다.

사슬 3코 기둥을 세우고 한길긴뜨기 2코 구슬뜨기, 사슬뜨기, 한길긴뜨기로 1단을 뜹니다.

한길긴뜨기 2코 구슬뜨기, 사슬뜨기, 한길긴뜨기 앞걸어뜨기로 2단에서 8단까지 뜹니다.

9단은 9코를 줄이면서 뜹니다.

10단에서 13단까지 줄임 없이 뜹니다. 같은 방법으로 2개를 뜹니다.

보디 부분 연결하기

그림을 참고하여 겉면끼리 마주 대고 겹쳐서 안쪽 면에서 짧은뜨기로 연결합니다.

꽃 뜨기

시작 코 사슬뜨기 35코를 뜨고 사슬 3코 기둥을 세워 한길긴뜨기와 사슬뜨기로 1단을 뜹니다.

2단은 사슬뜨기, 한길긴뜨기, 빼뜨기로 18개의 꽃잎을 뜹니다.

마무리 코 후 여유분의 실을 남겨 18개의 꽃잎을 말아 꿰매 꽃 모양을 만들어줍니다.

옐로색 2개와 머스터드색 2개를 뜹니다.

잎 뜨기

그린색 실로 시작 코 사슬뜨기 9코를 뜨고 사슬 3코 기둥을 세워 한길긴뜨기, 두길긴뜨기, 긴뜨기, 짧은뜨기로 잎을 뜹니다.
여유분의 실을 남기면서 6개의 잎을 뜹니다.

끈 뜨기

다크바이올렛색 실로 사슬뜨기 100코를 떠 끈을 만듭니다.
티코지 윗부분 ☆ 표시한 곳에 완성된 끈을 끼워 넣고 리본 묶기를 합니다.

꽃과 잎 고정하기

꽃과 잎의 여유분의 실을 바늘에 꿰어 티코지 입구 부분에 꿰매 고정합니다.

보디 부분 뜨기

다크바이올렛 실로 2개를 뜹니다.

37코 시작(9무늬)

▷ 시작 코
▶ 마무리 코

☆ 표시 부분은 끈 끼우는 부분입니다.

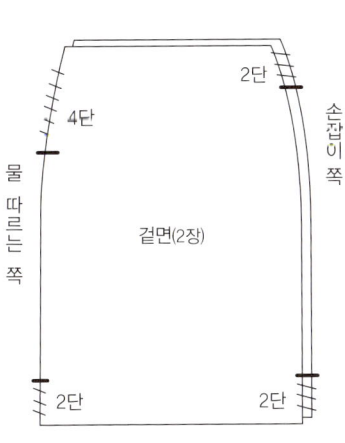

겉면끼리 마주 대고 겹쳐서 안쪽 면에서 짧은뜨기로 연결합니다.

꽃 모티브

옐로색 2개와 머스터드색 2개를 뜹니다.

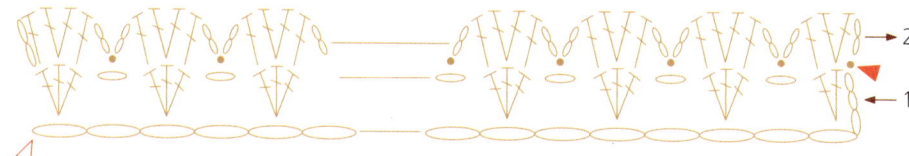

35코 시작(18개의 꽃잎)

마무리 코 후 여유분의 실을 남겨 18개의 꽃잎을 말아 꿰매 꽃 모양을 만들어줍니다.

잎 모티브

그린색 실로 6개를 뜹니다.

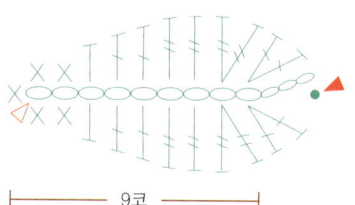

9코

끈 뜨기

다크바이올렛색 실로 뜹니다.

45cm(100코)

▷ 시작 코
▶ 마무리 코

티코지 사용법